DAVID OLUSOGA

文明 II

交流与互渗

［英］戴维·奥卢索加———著

郭帆———译

目 录

前 言 / 1

1 第一次接触

维多利亚时代的怀疑 / 3
航海者的国度 / 17
侵略与洗劫 / 31
为征服正名 / 51
文化的戒心 / 55
拥抱新生 / 73
帝国的行径 / 95

2　进步的狂热

法老的诱惑　/　119
英格兰中部的革命　/　135
城市与贫民窟　/　143
美国原野　/　153
帝国的进程　/　161
盗取身份　/　169
留给后人的肖像　/　177
相机的出现　/　185
艺术对进步的回应　/　193
逃往异域　/　201
嬗　变　/　215
欧洲的沦落　/　221

后　记　/　231
注　释　/　236
致　谢　/　252
出版后记　/　254

前　言

随着罗马在公元 5 世纪的倾覆，欧洲迎来了一段相对隔绝的新时期。罗马这个宏大的跨大陆帝国所特有的流动性开始减退，昔日罗马军团穿行的欧洲道路上，乱石间杂草丛生。随后在公元 7 世纪，伊斯兰教的兴起又为基督教世界划下了东南边界。再后来，随着阿拉伯势力在北非渗透，并征服了埃及和西边的柏柏尔王国，欧洲北部更加陷入包围之中。萨法维王朝对摩洛哥的征服，为后来在 18 世纪初对伊比利亚半岛的进犯，以及伊斯兰教安达卢斯王国的形成，建立了重要阵地。

七个世纪之后，奥斯曼帝国在 1453 年对君士坦丁堡的征服——对基督教会中东正教这一支的灾难性打击——预示着伊斯兰教向欧洲东南边陲的巴尔干半岛的推进。正是在这个时候，即 15 世纪中叶，基督教欧洲开始打破它将近千年的封闭状态。一系列航海技术的进步，十字军东征精神的延续，以及对财富和贸易的热望，都激励着欧洲探险者们打破欧洲和地中海的桎梏。君士坦丁堡的陷落，重燃了伊斯兰世界与基督教世界之间的敌意。但这一次交锋的结果，非但没有加重孤立的倾向，反而增进了欧洲的斗志，开发海路，拓展新市场，结交可能成为有利贸易伙伴的新民族——他们中的一些，或许还能争取过来，在基督教世界与伊斯兰各国的对抗中扮演盟友的角色。

我们往往只会从欧洲人的视角来看这个"大发现"时代。这在某种程度上也是可以理解的，因为扬帆走遍世界的是欧洲人，留下最完整叙述的往往也是欧洲人。在15世纪末期到18世纪早期的那段时间里，真正的文明故事，就是一部接触和互动的历史。正是在这个时期，世界各地的各种文化第一次遇见彼此。当欧洲人到达新世界时，之前甚至都不知晓对方存在的社会，忽然发生了接触，而这种接触，在墨西哥和印加王国的案例中，被证明是致命的。但是，虽然15世纪、16世纪和17世纪毋庸置疑是个充满冲突和掠夺的时期，而且对美洲中南部来说，更是个大灾难的时代，然而在其他大多数地方，大多数情况下，无论欧洲人内心有多渴望这样做，他们都没有能力征服那些地区或实施殖民。发生在美洲的席卷式的征服，只是一种例外而非常态。非洲和亚洲的王国或帝国中就没有发生过墨西哥那样的惨剧。

大发现时代首先是一个贸易和拓宽视野的年代。让它和之前的时代如此迥异的一部分原因，是欧洲人对大洋彼岸新文化和新社会的高涨热情，以及购买新产品的可能性。自公元1300年以

前　言

来，亚洲的香料就开始顺着传说中的"香料之路"或者由意大利商船运来，涌入地中海地区，极大地改变了欧洲人的口味。到了大发现时代，更具异域风情也更受欢迎的商品，也从更加陌生而遥远的地域跋涉而来，使得越来越多的欧洲人民可以享用到它们。

这个时期的艺术，记录了这些新奢侈品如何逐步进入那些富有者和踌躇满志者的生活，同时它也记录了发现新的大陆，并接触过去未知的民族，是如何激发他们的想象的。这些商品和贸易带来的新财富，令日常生活变得丰富而活力大增。它们成为现代生活的象征，那些新奇的商品最终也从精巧的奢侈品，变成了中产生活的标志物。

15世纪、16世纪和17世纪的艺术作品，也在视觉上记录了我们可以称之为第一波"全球化时代"的那种兴奋和活力。艺术常常反映出不同文明是如何互相看待并彼此影响的。然而，全球化过程留下的印记却常常被忽略或抹去。当我们想到17世纪荷兰黄金时代的艺术，或者17世纪40年代到19世纪50年代之间，日本在漫长的锁国时期中的艺术杰作，我们都会很自然地认为这些作品就是完全荷兰的，或者纯粹日本的。在展示出精美画面的同时，这些作品首先传达给观赏者的，是在某段特定的时期里，一个社会的内在本质。

同样，在印度莫卧儿王朝最后的日子里，在英国的"公司治理"还仅限于东岸贸易工厂的范围内的时候，或者更泛一些，当我们想到非洲的艺术，我们往往觉得它应该是"纯粹"非洲的：体现了非洲人的内在精神和活力的精华。然而实际上，许多非洲的艺术，尽管在本质上反映的还是创造了它的非洲社会，但是被称作"贝宁青铜器"的作品，以及其他艺术品却也显示出非洲对外界的关注，以及它几个世纪以来与外界贸易交流的痕迹。类似的呈现在其他地域也有发生，因为，在荷兰黄金时代的画作中，或者日本德川幕府时代的版画中，以及印度后莫卧儿时代的所谓"公司画"中，都隐藏着其他文化的艺术元素和文化DNA，这一点，我们将在本书的第一部分"第一次接触"中展开。

到了18世纪最后的几十年，这段初次接触和艺术借鉴的时期，渐渐开始被一个新的帝国时代所取代。启蒙运动中理性主义催生出的新的自信，让欧洲人开始认为自己的文化是一种更优越的文化。工业革命之后，欧洲在工业技术上领先了亚洲、非洲和其他民族一大步。到了19世纪欧洲的帝国时期，整个时代被进步的热望所包围，当时的画家们也努力尝试去理解那些巨大的革命性变化——工厂的兴起、快速的城市化以及对其他民族的压迫。在第二部分"进步的狂热"中，我们将走近后工业时代的现代化进程，去观察艺术创新，以及画家们对时代的反应。

1

第一次接触

维多利亚时代的怀疑

1897年9月,维多利亚女王(Queen Victoria)即位60周年的庆典上,大英博物馆展出了几百件象牙和黄铜雕片。与雕像和铜片一同展出的,还有仪式头像和动物塑像,都十分精巧,以富铜的合金铸成。这些艺术品被陈列在平时举办公众演讲的大厅里。虽然只是一次临时的布置安排,这次展出却大受欢迎,很大一部分原因在于,它让维多利亚时代的英国民众终于有机会接触到当时报纸媒体大肆渲染的那种古老而一度繁盛的文明。铜片和雕塑刻画的面孔是这种文明里的国王与王后,围绕在他们身边的,则是众多士兵、商人、猎人的形象,以及一种复杂异教信仰的象征符号。

---

1. 1897年从贝宁皇宫掠夺的几千片黄铜雕片之一。该雕片现藏于大英博物馆,刻画了奥巴(他们对"国王"的称呼)和他的四个随从。

文 明 Ⅱ

对于19世纪晚期受过教育、深谙古典艺术传统的欧洲民众来说，类似这样的古代塑像和浮雕——体现了高度发达的锻造技术的艺术成果——是一个真正文明的标志。但是让前来参观的公众，以及从全国各地被派到大英博物馆采访的记者们大为困惑的是，这些令人叹为观止的艺术品，居然出自一个非洲文明。19世纪后期，几乎所有欧洲人都认为，非洲人无论在文化品位还是技术水平上，都不足以制造并欣赏这种艺术。

这些被称作"贝宁青铜"的艺术品——虽然实际上是黄铜制品——是作为战利品被运达伦敦的。8个月之前，一支1200人的英国军队入侵了埃多人的家乡，古老的西非贝宁王国。英国军队围困，继而洗劫了王国的首都贝宁城。英国人宣称这次进攻是为了给之前在远征中遭受伏击丧命的英国士兵复仇，事实上这只是个借口。袭击贝宁城背后的动机，是随着伦敦不断扩大对英国尼日尔海岸保护国（今天尼日利亚的部分领土）的控制，英国渐渐产生的意图掌握棕榈油以及其他货物贸易的野心。贝宁城沦陷后，主要由英国皇家海军陆战队组成的远征军洗劫了王宫。之后，王宫、其他公共建筑以及大量民宅都毁于一场不知是有意还是无意被点燃的大火之中，同时被烧毁的还有贝宁城昔日宏伟的一段段城墙。贝宁奥巴欧文冉翁（Oba Ovonramwen）也被废黜逮捕。他的先辈们正是贝宁青铜器上的主角。

在这张拍摄于英国战舰甲板上的照片里，这位奥巴目光坚定，

第一次接触

2. 戴着镣铐的欧文冉翁奥巴在英国"HMS 常春藤号"舰艇的甲板上。他之后再也没能回到自己的国土，于 1914 年死于流亡之中。

神情凛然不可侵犯，却受困于沉重的镣铐，后者依稀可见束缚着他尊贵的脚踝。英国殖民当局将欧文冉翁送上了法庭，指控他要为先前英国远征士兵的战死负责。虽然他最终被洗脱了这个罪名（这让英国殖民者颇为难堪），但欧文冉翁仍然像其他在所谓"瓜分非洲"的过程中反抗欧洲势力的非洲首领们一样被流放了。欧文冉翁奥巴的废黜与英军对贝宁王国的袭击一类事件，在 19 世纪下半叶实属常事。数不清的非洲城邦，由于首领抵抗欧洲军队的侵吞，而遭受了类似的袭击，这种袭击在当时被称为"惩罚性征讨"（punitive expedition）。而 1897 年贝宁征讨的与众不同之处，既不在于英军对待埃多人的暴力程度，也不在于古老首府被破坏得多么彻底，而是因为这次征战将西非的一些最伟大的文化瑰宝，偶然地送到了欧洲人手中，也正是因此，贝宁征战才在英国自帝国时代起数不清的"小规模战事"中"脱颖而出",被铭记至今。

随后的劫掠行为并非疯狂而毫无条理的肆意抢夺,而是有计划、成系统地进行的。这些皇宫内的宝藏花费数日才被转移完毕。仪式头像被从 30 多个供奉着列位先王的神龛里搬走,数以千计的黄铜雕片被从墙上、屋顶上揭下。总计约有 4000 件青铜器以及几百件象牙与牙雕艺术品,大多被堆在已成废墟的皇宫庭院内。照片记录了英国官员站在这些掠夺品之间摆出的种种姿势,他们在往来书信中将其戏称为"贝宁珍奇"(Benin curio)。[1] 站在战利品前,双手抱胸,表情凝滞,他们眼神中的傲慢丝毫不逊于欧文冉翁奥巴。

之后,打包好的雕片、塑像和象牙制品,就由几千名受雇于英国人的本地挑夫顶在头上,送往港口。于是凝结了埃多人几个世纪文明的工艺成果在码头上被装入船舱,运往英国。为了支付军事行动的花销,这些青铜器将在伦敦拍卖,售给全欧洲的收藏家与博物馆。大英博物馆组织的那场临时展览只是为了在这场"殖民地货品大甩卖"之前,让大家最后看看这些物品。所以,那年秋天向公众展出的物件并不是大英博物馆的资产,而仅仅是向英国海军部借用的,因为海军部在这些艺术品到达之初就掌握了它们的所有权。而英国军官们在"惩罚性征讨"中私人虏获的其他铜器和象牙制品,则被当作他们的个人所得,不在拍卖之列。

第一次接触

展览在大英博物馆一开幕便引发了轰动。大众对英军同年早些时候对贝宁的第一次征讨记忆犹新。报纸尽一切能事渲染埃多人所谓的"原始"和"野蛮"。《伦敦新闻画报》发行过一期增刊,在其中一位作者将贝宁城称作"鲜血之城"。九个月之后,同一批媒体又开始热衷于报道英国胜利远征的艺术战利品。然而就在这时,无论是流行小报还是严肃报刊,都不得不面对一个难题:这

3. 英国"惩罚性征讨军"士兵在摆满战利品的皇宫空地上拍照。图片上可见成堆的象牙、黄铜雕片和铸铜塑像。

些炫目的艺术展品,和他们自己制造出的"残暴"而"野蛮"的贝宁王国形象之间的矛盾该如何调和?查尔斯·赫尔克里士·里德(Charles Hercules Read),这位说服海军部借出青铜器用于展览的策展人,清楚地表达了这种困境:

> 第一眼看到这些意外发现的卓越艺术时,我们的震惊是毋庸置疑的,但我们也困惑于应当如何解释,如此高度发达

4. 今天,贝宁的大多数艺术宝藏都藏于英国、德国和美国的博物馆。伦敦的大英博物馆中陈列着其全球最大的一组收藏。

的艺术居然出自如此野蛮的种族。[2]

位于柏林的王室民俗博物馆的馆长助理、德国考古学家费利克斯·冯·路尚（Felix von Luschan），对这些青铜器的赞美也溢于言表，他将这些贝宁金属艺术品的铸造者和意大利文艺复兴时期最伟大的艺术家之一相提并论。他在1901年写道：

> 这些贝宁艺术品比得上欧洲铸造工艺所产出过的最精巧的作品。本韦努托·切利尼（Benvenuto Cellini）的技艺都难以超越它，在他之前就更没有人了，而在他之后，即使到今天也没人能超越。从技术上来说，这些青铜器足以代表人类能够达到的最高工艺水准。[3]

但在维多利亚时代晚期公众的想象中，那个被叫作"黑暗大陆"的地方根本没有能力创造真正的艺术品，也无法孕育出称得上"文明"的东西。当时通行的理论是，非洲是一片未能与西方文明"金线"产生关联的地区，这种理论认为，存在一条"金线"毫无间断地将从古典时代到早期教会，到文艺复兴再到启蒙运动的各个时期连接在一起，让当代欧洲的文化和社会与古希腊、古罗马一脉相承。而漂浮在这种文化传统之外的非洲，在大多数人眼里，不但是个化外之族，甚至连历史都没有。他们认为在非洲，时光固然流逝,却毫无进步可言,所以也没有真正的历史可供记载。然而在1897年,数以千计的雕片和雕塑汇集在伦敦中心,这不但证明了存在一个成熟的文明,而且其本身正是一种历史的记录。王宫墙上的黄铜雕片的铸造,就是为了记载往昔的王朝统治和军事胜利。它们记录了每年例行的重大仪式,以及贝宁奥巴在全体子民面前以恢弘的排场炫耀其权柄的盛大节日。奥巴们在许多雕片里都居于画面正中,他们在埃多文化生活的概念里也是重中之重。他们的形象比其他人都要大,身边环绕着随从、神灵的象征符号以及他们自己如神一般力量的标志。虏获的象牙制品上也刻画着类似的历史故事。

贝宁的艺术如此繁复而发达,挑战着许多人的认知。无论是学术圈还是大众媒体,都无法接受这样的珍宝居然产自非洲。他们于是尝试编造各种理论,来解释何以在西非的丛林王国里出现了如此精致华丽的铸铜浮雕,比例如此完美的人形塑像。[4] 其中一种说法认为,一定是葡萄牙人,也就是第一批和埃多人在15世纪后期展开贸易的欧洲人的缘故,要么是他们教会了当地手艺人制造这种艺术的技艺,要么是他们自己为贝宁奥巴们铸造了铜器。另一种理论猜测,是某个不明身份的白人文明先制作了这些铜像,然后被贝宁人照搬复制了,这种理论完全无视塑像的脸显然是西非人面孔的事实。还有人说这种艺术形式一定是从古埃及传到贝宁来的。[5] 之后还有一种理论认为那个失落的希腊城市亚特兰蒂斯就在西非或者靠近西非海岸的某个地方，所以是一群漂泊的希腊艺术家创造了这种艺术。但仍然有一批专家，其中包括考古学之父奥古斯塔斯·皮特·里弗斯（Augustus Pitt Rivers），否决了以上所有这些自命不凡的猜想，他们推测贝宁青铜器应当是源自非洲本土的艺术杰作。不过这种意见并没有得到太多认同。

1897年的媒体报道里被严重忽略的是——当然，学术界倒是没有忽视这一点——维多利亚晚期的伦敦人，以及袭击并摧毁了贝宁城的那些人，并不是目睹贝宁艺术瑰宝的第一批欧洲人，甚至都不是见过它的第一批英国人。

在欧洲地理大发现时代的头几十年里，来自葡萄牙和都铎时代英格兰的冒险者们，就在奥巴宫殿的墙上亲眼见过这些雕片。1553年，第一支由商人托马斯·温德姆（Thomas Wyndham）带领的英国远征队就已经到过贝宁，年轻的马丁·弗罗比舍（Martin Frobisher）也在这个队伍之中，马丁后来率领自己的同胞，与弗朗西斯·德雷克（Francis Drake）一起抗击了西班牙无敌舰队。温德姆一行曾经深入内陆，对贝宁城的建筑大为惊叹。更让他们吃惊的是，那里的国王"能说葡萄牙语，是从一个小孩子那里学的"。在其他到访过贝宁的欧洲商人的描述里，他们也被这个西非的"超级国家"震惊了——高度组织化、中央集权化、军事化，这个王国基于自身强大的实力而充分自信，并坚定地以平等的身份与欧洲人展开贸易。1668年，温德姆远征之后的一个世纪，荷兰作家奥尔费特·达珀尔（Olfert Dapper）在他的旅行见闻纪要《西非地区实况》里这样描绘贝宁城和它的王宫：

> 国王的宫殿，或者说宫廷呈正方形，有哈勒姆城那么大。四周围着一种特别的墙，和城市的外墙很相似。皇宫里划分出许多富丽的殿舍、房屋、朝臣的寓所。里面还有许多华美的长长的方形陈列室，约有阿姆斯特丹交易所那么大，但是其中有一个比其他的都大，由木柱支撑，从上到下都悬挂和摆放着铸铜，上面雕画着他们的辉煌战果。[6]

当托马斯·温德姆在1553年踏上前往贝宁的征途时，之后的大英博物馆所在之处还只是伦敦北部的一块公共绿地，毗邻得名于当地托特庄园的托特纳姆廷村。非洲王国宫廷的珍奇宝藏有朝一日会落户英国首都的远郊，这在当时是无法想象的。大发现时代的冒险者和商人并不是怀着殖民目的而踏上这段旅程的，他们希望的是能和远方土地上的人们展开贸易往来。征服行为只发生在南美大陆和亚洲的几个小岛上。一些非洲和亚洲香料的售价着实比黄金还要昂贵，在欧洲市场可以带来天文数字级的利润，因此人们才愿意踏上此类极端危险的长途旅程。事实上，托马斯·温德姆和他的许多船员在16世纪50年代赴贝宁开展贸易的过程中，就感染过致命的热带疾病。在1897年的"惩罚性征讨"之前三个世纪，无论是葡萄牙商人还是英国冒险者，都能轻易理解他们19世纪的后人想不通的事情——贝宁确实是一个完全有能力制造美妙艺术的、高度复杂的发达文明。

这些15到16世纪的造访不但和1897年的冲突截然不同，而且这些早期的接触在贝宁铜器中也留下了印记。在大英博物馆的展品中——只是海军部几千件拍卖品中的一小部分——就有一个葡萄牙士兵的小型黄铜像，很可能是贝宁国王手下的雇佣兵。他身着欧洲盔甲，将火枪举至与眼同高。还有其他作品也描绘了葡萄牙商人的面部，他们欧洲式的五官被塑造得格外狭长单薄，长着高鼻子，长胡须，标志着他们的外来者身份。但他们在贝宁艺术中的位置也说明了他们在15到16世纪贝宁的宫廷、文化和政治力量中的地位：欧洲人为贝宁提

5. 这是一个举着火枪的葡萄牙士兵铜像，细节刻画十分丰富，是由17世纪的贝宁金属工匠铸造的。

供了珍贵的艺术品原材料。在许多贝宁雕片所展示的欧洲商人形象中,他们都手持金属通货条(manillas)——一种弯曲的实心黄铜条,在对这种金属的交易中充当衡量单位。这些金属通货条后来本身就成了一种货币,象征着贝宁与发展中的大西洋世界间的贸易往来。

贝宁艺术宝藏中最令人惊叹的,莫过于被认为呈现了16世纪王太后伊迪亚(Idia)面容的两个面具,这也进一步证明了贝宁与葡萄牙的贸易关系。两件作品被认为出自同一位艺术家之手,这两个现存的面具极其相似,用高度自然主义的方式表现了王太后不动声色的威严感。[7]伊迪亚是在内战中脱颖而出,成为政治权威人物的。在伊迪亚的象牙王冠顶端,雕有一排蓄须的小型人头,他们代表的就是葡萄牙商人,重要的贸易伙伴,带来了贝宁与欧洲人之间硕果累累的贸易交往,也预示着全球化时代的到来。

---

6. 被称为伊迪亚的16世纪贝宁王太后现存有两顶同型象牙面具,这是其中一顶。她已经成了现代尼日利亚的一个文化象征。注意刻在她头饰上的葡萄牙水手。

航海者的国度

如果一个全球性现象的缘起真的能够具体到某个地点之上,那么大发现时代的开端就应当是里斯本。为什么偏偏是葡萄牙商人的面孔——而不是西班牙、法国、荷兰或英国人的面孔——出现在贝宁铜器和象牙制品上,是有诸多原因的。首先,葡萄牙成为15至16世纪最大的航海国,在地理因素上可以得到解释。葡萄牙的海岸线面对的并不是地中海那种已被充分勘察和标记了的安全水域,而是令人望而生畏的、一望无际的大西洋。这种情况几乎就是在激励着葡萄牙水手闯入深海,鼓动着葡萄牙国王去思索:如果能越过这片困难险阻,海的另一边将有什么样的财富和贸易在等待?

---

7. 阿尔布雷希特·丢勒(Albrecht Dürer)在1515年绘制的著名木刻画:印度犀牛甘达。这幅画展现了在18世纪真正的活犀牛踏上欧洲土地之前,欧洲对犀牛的传统画法。

造船工艺、航海科学和绘图技术在16世纪的高度发展，共同帮助葡萄牙掌握了远洋航行的艺术。一个关键性的发展来自里斯本的造船工匠。通过他们的独创才智和不断试错，一种为长途贸易与远洋探索量身定做的航行工具应运而生：一种非常灵活，易于操控的小型轻帆船。为什么是葡萄牙，而不是其他更富有、更强大的对手成了航海时代的霸主，还有一个更直白也更重要的原因就是：葡萄牙需要钱。这个小国国王手里的钱，连本国造币都不够用了，因此葡萄牙尤为担心1469年在阿拉贡的斐迪南（Ferdinand of Aragon）与卡斯提尔的伊莎贝拉（Isabella of Castile）联姻之后，邻国西班牙日益强盛的国力。因此在非洲贸易中"淘金"，或是绕过非洲大陆，去与印度人展开香料贸易的迫切愿望，激励着一代又一代的葡萄牙探索者。

葡萄牙在非洲海岸的第一个立足点是休达城，它现在是西班牙的一个自治市。帆船队伍从那里开始沿着北非海岸逐步前进。一次次的征航，每次都是先向南边，然后再往东逐渐推进。1430年，葡萄牙人终于穿过了博哈多尔角，当时人们认为越过这个海角之后，没有任何船只能够找到返航欧洲的风向。之后不到十年，他们又抵达了今属毛里塔尼亚的阿尔吉海湾。到15世纪60年代时，他们来到西非海岸，建立了一座要塞，那是欧洲人在非洲建造的最古老的建筑。借助这个据点，他们就能在源头上开发非洲的黄金资源。这个贸易据点，也就是圣乔治矿产要塞，让整个王朝的收入翻了一番。所以在 1580 年，葡萄牙国王在他们的各项尊号之上又加上了"几内亚国王"的头衔，也就不足为奇了。圣乔治矿产要塞的财富继而又支持了接下来的远征，到 1498 年，他们的船队到达了印度，1500 年又发现了巴西。

这一切得以实现，靠的不是欧洲人的空想，而是源于他们对知识与技术的创造性合并。众所周知，大发现时代迅速引发了大规模的文化融合，但鲜有人知的是，它本身也是大量思想融合的结果。支持着早期远征船队穿越毫无标记物的茫茫大海的，是制图与天文学上的诸多技术发展，而这一切都是那些为葡萄牙的远征制作坐标图的伊比利亚犹太地图绘制者长期探索的结果。同样做出了贡献的还包括协助组织船只修建与远征补给储备的热那亚金融家和银行家们。出征的水手们还从伊斯兰水手那里学到了先进的航海知识。

当瓦斯科·达·伽马（Vasco da Gama）在 1498 年到达印度时，他伟大航海功绩的最后一程，是在阿拉伯航海家的协助下完成的。这位不知姓名的阿拉伯航海家是在马林迪港口（位于今肯尼亚的海岸）被雇佣的，两个月之后，他利用星象与印度海岸的地形图，在季风的助力下，带领达·伽马到达卡利卡特。船刚一停到卡利卡特的港口，达·伽马还沉浸在这个梦寐以求的伟大时刻中，迎接他的却不是印度代表团，而是来自突尼斯的伊斯兰商人，在用西班牙语咒骂他们打破了先前由阿拉伯人和北非人统治的贸易格局。[1] 葡萄牙人已经迟了一步。全球化早期的战场，早在欧洲人试图争夺之前，就被亚洲人捷足先登了。

对欧洲之外遥远地区的接触与探索，让葡萄牙的经济和文化在15世纪下半叶发生着天翻地覆的变化。由远洋贸易获得的财富、激发的物欲，不但在经济上，更在自我认知上改变着葡萄牙人，尤其是里斯本人。大约在1515年，葡萄牙人建成了贝伦塔，该建筑至今仍然矗立在里斯本的海港，旨在庆祝这个国家的新发现和增长的财富，并确立了远洋贸易在葡萄牙国民经济中的中心地位。贝伦塔石造建筑的内部，放置着一头印度犀牛的石刻。每个16世纪到访里斯本的游客都知道，这头犀牛雕刻并不是基于道听途说或外行绘图而想象出来的形象：而是确实来自现实经验，而且这种生物是真实存在的。

尽管经历了500年的风霜侵蚀，该犀牛像在塔身靠陆地一面的基座上仍然清晰可见。它描绘的是一头于1515年到达里斯本的野兽。这只动物本是由古吉拉特邦的苏丹穆扎法尔沙二世（Muzaffar Shah II）赠予驻果阿的葡萄牙贸易站长官阿丰索·德·阿尔布开克（Afonso de Albuquerque）的。而阿尔布开克又转手将这只犀牛献给了他的君王"幸运者"曼努埃尔一世（King Manuel I）。1515年5月20日，在大海中航行了120天之后，这只可怜的动物——人们用它的古吉拉特名字"甘达"称呼它——终于在当时尚在修建的贝伦塔旁的码头上登陆了。虽然犀牛之类的珍奇物种早在罗马帝国时代就已经被带到过欧洲，但罗马帝国衰落之后的1000年里，这些传说中的神奇动物就只能活在被隔绝的欧洲人的想象中了，因此，在里斯本上岸的这只奇兽，就是罗马帝国之后第一头登陆欧洲的活犀牛。由于在当时的欧洲，所有关于这个物种的知识都来自古代权威书籍，因此葡萄牙宫廷只能去老普林尼（Pliny the Elder）的作品中寻找对犀牛习性的描述。于是，在1515年6月，曼努埃尔国王让这头新来的犀牛和他的动物园里饲养着的一头年轻的印度象作一番较量，以验证老普林尼关于"犀牛与象是天生死敌"的论断。据说在这场比试中，犀牛取胜了，因为根本来不及发生任何交锋，大象就逃出了赛场。

一头印度犀牛——庞大的、活生生的犀牛——不但让里斯本人惊叹，它的声名还马上扩展到葡萄牙之外，不出几个月，乔瓦尼·贾科莫·彭尼（Giovanni Giacomo Penni）制作的简陋版犀牛木雕画就出现在了罗马。很快，德国艺术家汉斯·布克迈尔（Hans Burgkmair）又制作出了画面更精良、结构也更准确的犀牛木刻画，还在它的脚上画了绳索。但其实，里斯本拥有这样一只动物的消息还没传到日耳曼城市纽伦堡，一位伟大的16世纪画家的作品就让它的声名深深刻在了欧洲人的记忆中，不但成为葡萄牙全球性活动范围的象征，还预示着一个知识和发现的新时代的到来。

阿尔布雷希特·丢勒（Albrecht Dürer）从未亲眼见过犀牛甘

达，他依靠的是一位住在里斯本的德国雕版印刷匠人瓦伦廷·费尔南德斯（Valentim Fernandes）绘制或得来的速写。[2] 费尔南德斯的速写被送到纽伦堡，丢勒就在此基础上创作出了著名的犀牛木刻版画，并不断复制售卖了几千份。木刻版画是古登堡活版印刷在美术领域的对应物，这种革命性的技术让过去昂贵的绘画作品变得便宜便利。非凡的艺术天赋，加上便利的媒介，让丢勒版的犀牛甘达进入了大众的普遍想象。"没有哪种（其他）动物的画像，"一位历史学家评论道，"曾在艺术史上产生过如此巨大的影响。"[3]

丢勒使甘达的形象继续活在了人们心中，但这头犀牛的生命却很快就结束了。1515年12月，曼努埃尔将甘达运往罗马，作为献给教宗利奥十世（Pope Leo X）的礼物，彼时教宗已经拥有一头象征荣耀的印度白象了。但犀牛却没能到达罗马。载着这只不幸动物的船只在地中海遭遇风暴，沉没在意大利海岸附近。因为甘达是被锁在甲板上的，所以淹死在海中，再也没有机会进入美第奇教宗的动物园了。[4]

当一只异域奇兽的到来吸引了全欧洲的知识精英，并点燃了阿尔布雷希特·丢勒的艺术创作欲望和商业想象时，大约在同时期造访里斯本的来客们，也同样惊叹于这座城市所展现出的多样性。到了16世纪最后几十年，里斯本早已不是人们印象中那个位于欧洲边缘的穷乡僻壤，转而化身欧洲大陆上最多元的全球性贸易城市，看上去也愈加繁华光鲜了。不但有来自非洲和亚洲的商品和香料涌进这个城市广阔的码头，而且来自葡萄牙各个贸易伙伴和贸易基地的人员也都云集在这里。16世纪下半叶，里斯本已经生活着大量的非洲人口，以及数量未知的跨文化、跨种族混血人群。他们共同组成了这座城市人口的10%。[5] 西班牙国王腓力二世（Philip II）在1582年到此造访后，在给女儿的信中写道，他在葡萄牙首都，还从窗口看到街边有黑人舞者。[6]

如果不是1755年那场几乎摧毁了这座文艺复兴城市的毁灭性地震和海啸，还会有更多关于16世纪里斯本文化多样性的证据留存下来。那场将老城大部分夷为平地，夺走了成千上万条性命的灾难，也毁掉了葡萄牙政府的官方记录，以及里斯本的大部分物质文化。

描绘城市景观的画作只有一部分得以留存。其中最令人惊叹的是一幅名为《国王的喷泉》的全景画，该喷泉之前位于阿尔法马区，离塔古斯河不远。画家并没有留下名字，似乎来自尼德兰，画作大约创作于1570年到1580年之间。让现代观赏者最为惊讶的，可能是在这片繁华的都市场景之中，出现了很多非洲人的面孔。另一幅留存至今的画作是《新商业街》，画家同样姓名未知，但很可能绘制于1570年到1619年之间，记录下了各个阶层的黑种里斯本居民忙碌于各自日常事务的情景。画面上有一半的人物是非洲人。

《国王的喷泉》标题中那座华丽的公共喷泉，位于画面叙事的中心。在喷泉边来来回回的是挑水人（aguaderos）。几乎可以肯定这些黑色皮肤的里斯本人是奴隶，扛着沉重的水缸往他们主人的家中走去，他们很多人以西非人惯用的方式把重负顶在头上。虽然葡萄牙和西非之间的正式奴隶买卖开始于 15 世纪中期，但奴隶制是一种早已存在的古老制度，在文艺复兴时期的葡萄牙，就像在当时欧洲其他地区一样，奴隶中有黑种人也有白种人。而且还有记载显示，在 16 世纪晚期的里斯本，奴隶身份者的血统来源不但有非洲，还有印度、巴西、中国和日本。[7] 在 15 世纪末期到 16 世纪，奴隶身份与黑色皮肤之间还不存在什么必然关联——那是后来才出现的。同时，由于释放奴隶行为也经常发生，所以那一时期街景中的黑人，除了被奴役的，还有相当一部分是自由人。《国王的喷泉》里的不少非洲裔人物，例如船夫和路边的小贩，应当就属于这种情况。画中最抢眼的黑人形象是圣地亚哥骑士团里的一位骑士，他骑马佩剑，身披斗篷，配饰精良。有记载显示，当时确实有三位在宫廷中有人脉的非洲人获准进入这个遴选严格的骑士团。而在葡萄牙首都的街头出现较为富裕、有教养的非洲

8.《国王的喷泉》中，葡萄牙与其非洲贸易伙伴的紧密关系从画中非裔人物的数量上就可见一斑，这些人物来自各个阶层，有奴隶，也有骑着马出现在里斯本阿尔法马区街头的骑士。

人，也不是稀奇的事。在那段时期已知住在里斯本的非洲居民中，有外交使节，有年轻贵族，甚至还有一些非洲国家的君主或王储，这些人的祖国都与葡萄牙成了贸易伙伴。譬如，西非刚果王国的国王就曾派遣年轻的男性亲属前往葡萄牙学习欧洲语言和天主教信仰。[8]

葡萄牙与非洲贸易伙伴的紧密关联还有一种有力证据：被传播到里斯本的非洲艺术，以及葡萄牙画作细节中出现的非洲商品。这些留存至今的艺术品——从水手们出于好奇而购买的平平无奇的小玩意，到价值连城的精湛工艺品——也只是从1755年里斯本大灾难中幸存下来的一小部分。如果"几内亚公司"（Casa da Guiné）——当时存放葡萄牙与非洲贸易记录的场所——没有在这场几乎是《圣经》级别的灭顶之灾中被摧毁的话，我们还能知道更多关于它们的事情，例如它们的起源，它们在葡萄牙社会中的作用等等。[9]

更昂贵与精良的艺术品中，有些是贝宁、刚果以及今天塞拉利昂地区的国王赠予里斯本的外交礼物。这些幸存下来的艺术品里最精致的当属各种象牙雕刻，体现了工匠无与伦比的高超技艺。贝宁象牙，无论是作为原材料还是加工后的艺术品，都是用来交换黄铜通货和其他欧洲商品的艺术产品。因为贝宁金器铸匠制作的工艺品都是为国王的宫廷专属特供的，而黄铜雕片、肖像和雕像又严格禁止出口，因此，象牙雕刻就成了埃多人唯一能够提供给欧洲消费者的工艺奢侈品。这种对铜器出口的禁令，也是贝宁铜器的巧夺天工与艺术光芒突然在维多利亚时代晚期英国的艺术界与大众之中引发轩然大波的原因之一。

贝宁、刚果以及塞拉利昂的象牙雕刻匠人，看起来都已经将那时新兴的全球化风潮，当成了一个商机来把握。为了达到利润最大化，他们开始特别针对面向葡萄牙的出口，对象牙雕刻制品进行多样化生产。这些非洲象牙艺术品的制作者都是从未到过欧洲的能工巧匠，他们却能敏锐地抓住欧洲人的口味。他们制作了很多盐罐，上面雕刻的形象都是欧洲人，而不是非洲人，这从人物的衣着和面部特征可以看出来。他们戴着基督教十字架，蓄着**长胡须**。**这些象牙雕品的设计者显然是在模仿那些葡萄牙人自己带到非洲的图案**。有些西非的工艺匠人已经深谙葡萄牙消费者的**口味和文化**，他们甚至在设计中融入了葡萄牙的符号与徽章。来自16世纪贝宁和塞拉利昂的象牙角制品，就常常刻有葡萄牙阿维斯王室的盾章。

许多文艺复兴时期的欧洲人都热衷于收藏非洲艺术与工艺品，**阿尔布雷希特·丢勒**就是其中一位。不断扩展对世界的认识，是他那个时代的标志性特征，而他也被这种热望驱动着。他环游过

---

9. 一个相当有趣的精致的象牙盐罐：出自贝宁工艺匠人之手，刻画的却是欧洲人，以及促成欧洲与西非贸易的商船。

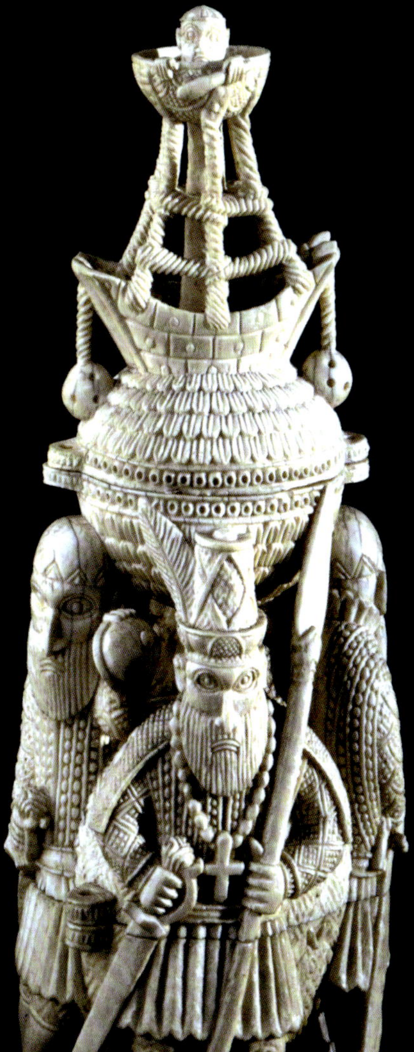

欧洲各地，并致力于重新构想艺术家在社会中的角色。因此丢勒深深被其他文化的视觉意象所吸引。他自己并没有亲眼见过里斯本的犀牛甘达，但他确实拥有大量很可能经由葡萄牙首都输送到欧洲其他地方的物品。在目前已知的丢勒藏品中，就有许多象牙盐罐，虽然现在已经佚失了，但比较确定的是，它们出自塞拉利昂高超的象牙雕刻工艺。[10] 丢勒很可能是在1519年前往安特卫普的途中购买了这些艺术品。

侵略与洗劫

在犀牛甘达踏上里斯本码头的四年之后，一支西班牙远征军在墨西哥南部的尤卡坦半岛海滩登陆了。之后发生的，是历史上最为灾难性的一次相遇。

西班牙击败墨西哥文明——即阿兹台克文明——一事，长久以来我们看到的都是西班牙征服者们（Conquistadores）在16世纪20年代出于自身立场而自我神话化的版本。[1] 现在，在大量的批判和重审之下，我们已经可以确认埃尔南·科尔特斯（Hernan Cortés）和西班牙征服者对征服故事的描述被严重地美化过。他们夸大了西班牙侵略者的勇气、斗志与决心，刻意无视阿兹台克人在保卫家园的过程中表现出来的聪明才智。同时，在传统的描述中，西班牙殖民者和诸修会托钵僧到来之后，阿兹台克文明被抹掉的程度也被有意夸大了。虽然16世纪西班牙与阿兹台克王朝之间的战斗，其惨烈程度无疑在整个人类历史上都是少有的，但还是有一部分阿兹台克文化残留了下来，甚至发生了一定程度的文化融合。关于伟大文明衰亡的报告总是容易夸大其词。

一个世纪之前的 1402 年，曾经发生过另一场征服，那是卡斯提尔人对加那利群岛的进犯。一系列的登陆、战役和巩固战事几乎持续了整个 15 世纪，成千上万的当地瓜安彻人被屠杀或被捕为奴，其他坚持在漫长而无果的战事中抵御卡斯提尔军队

10. 阿兹台克画家绘制的西班牙征服者 1519 年登陆图，画作是在事件发生几十年后绘制的，出自《佛罗伦萨手抄本》第十二卷。

的人们，也纷纷倒在了欧洲的传染病之下。从 15 世纪 90 年代到 16 世纪前十年之间，在西班牙对古巴和伊斯帕尼奥拉等加勒比海岛屿的征服中，类似的事件还在多处上演，当地人民同样被俘为奴，承受着极端的暴力与残酷奴役。移居到这些征服区——加那利群岛、古巴和伊斯帕尼奥拉岛——的西班牙统治者是第一批现代意义上的殖民统治者：他们意识到，在这些远方殖民地上的搜刮和奴役所得，不但是一笔巨大的财富，还能在极短的时间内提升自己在故国的社会地位。15 世纪 50 年代，在葡萄牙殖民的加那利群岛和马代拉岛上，都引进了甘蔗的种植。随后非洲的奴隶贸易，以及即将在未来席卷新世界的整套殖民体系，都开始发展起来。西班牙的加勒比殖民区繁荣的经济依靠的不仅是经济作物的耕种，古巴金矿的发现也是一个重要原因。这份财富让西班牙能够借由加勒比地区的丰厚资产，占据连接新旧大陆之间的重要据点，并启动针对整个大陆的征服新浪潮。

这一体系成型的第一步，是 1517 年，当时古巴的西班牙统领迭戈·贝拉斯克斯·德奎利亚尔（Diego Velázquez de Cuéllar）向弗朗西斯科·埃尔南德斯·德科尔多瓦（Francisco Hernández de Córdoba）授予许可，启动从西班牙属西印度群岛向尤卡坦半岛进军的远征。途中，西班牙军队与玛雅文明之间曾发生一场迅速而激烈的交火。德科尔多瓦的这次行动并不旨在侵略或征服，他的目的是虏获当地人运往古巴做奴隶。在这种意义上，这其实是西班牙在加勒比地区政策的一贯延续，与过去没有什么不同。但不祥的是，德科尔多瓦又借机宣布尤卡坦现已归卡斯提尔的胡安娜女王（Queen Juana of Castile）以及她的儿子卡洛斯国王（King Carlos）所有。[2] 类似的事情，克里斯托弗·哥伦布（Christopher Columbus）也做过：当他在1492年10月12日初次踏上巴哈马群岛的瓜纳阿尼时，他那支小规模的西班牙队伍，就将王室的旗帜插上了这片土地。

1518年，贝拉斯克斯·德奎利亚尔又派遣他的外甥胡安·德格里亚拉（Juan de Grijala）率领一支武装得更充分的部队，踏上前往墨西哥的第二次远征。这一趟任务的目的之一仍然是为西班牙在古巴的种植园俘获奴隶。德格里亚拉的队伍在科苏梅尔登陆，目睹了那里发达的文明——石头建造的房屋以及石头或陶土制成的动物塑像。西班牙人因此认定古巴和伊斯帕尼奥拉岛的西边应该不是岛屿，而是一块完整的大陆。此外，德格里亚拉的部下还和海边的托托纳克人展开接触，他们说自己是一个叫作"墨西哥"的王朝的臣民。德科尔多瓦和德格里亚拉回到古巴时，都带着一些黄金。次年，埃尔南·科尔特斯——一个西班牙小贵族的儿子，同时也是一名职业军人——开启了前往阿兹台克王国的私人征程。他并没有官方许可，所以他的远征可以被视作对统领德奎利亚尔的一种直接蔑视，而当德奎利亚尔最终得知科尔特斯的本事时，已经为时过晚。

虽然围绕科尔特斯的传说非常值得怀疑——其中很多都是他本人精心杜撰出来的——但我们可以有把握地说，他是历史上最敢下注的赌徒之一：这个人率领着600人、14匹马和14挺加农炮，就敢向拥有百万人口的帝国开战。[3] 无论是科尔特斯本人还是他的那种思维方式，都是西班牙一系列扩张与无休战事的产物：从对古巴和伊斯帕尼奥拉的残酷镇压，到对加那利群岛的侵犯和殖民，再到西班牙本土的失地收复运动。孕育了科尔特斯和他的部队的那种文化，始终在向他们灌输一种观念：基督教徒优越于一切异教民族，无论是加勒比海小岛上的岛屿部落，还是一个巨大的陆地帝国。科尔特斯登陆尤卡坦，并不是要劫持奴隶，也不是对海岸进行小规模勘探，而是意在侵略。

搭载着科尔特斯和他的远征军的11艘船于1519年2月抵达目的地，在现在是韦拉克鲁斯城的地方登陆。这些人先在海边安营扎寨，花了三个月时间收集情报。他们了解到内陆有一座大城市，是一个巨大王朝的中心腹地。他们还听说了一些关于皇帝莫克特苏马（Moctezuma，这是这些西班牙人给他起的名字）的信息。像之前的胡安·德格里亚拉一样，科尔特斯也先和托托纳克人接触，并通过他们了解阿兹台克帝国。几周之内，莫克特苏马皇帝的代表就来到了西班牙人的军营前，探查他们的来意。来

11. 一位17世纪不知名画家创作的《科尔特斯攻占特诺奇提兰》，氛围浓烈，描绘了历史上最惨绝人寰的一次征战。

自帝国都城的画家——在阿兹台克人讲的那瓦特语中叫作特拉库伊罗斯（tlacuilos）——奉命画下这些来者和他们的装备，以及他们携带的牲畜。阿兹台克的书写系统不是由字母构成的，它使用的是图像字符，这些图像编成的卷轴或书卷即是典籍。作为文化表达的关键形式，这些文献本身在阿兹台克高度成熟的信仰系统中也是神明的一种象征。1519年，这种复杂的艺术传统，成了两种文明在灾难性冲突前夕的一个沟通媒介。[4]

第一次接触

同年 8 月，西班牙人就向阿兹台克的都城特诺奇提兰进军了。科尔特斯不断逼近，阿兹台克人却丝毫不认为他们的帝国正面临着威胁。他们的文明，是产生了丰富艺术的精致文明，是拥有大量建筑成就的发达文明。社会在发达的历法与精妙繁复而嗜血的宗教的共同规定下，运作稳健有序，人们通过宗教理解宇宙万物，以及自身在其中的位置。阿兹台克文明有一个特点相当有名：他们从未发明出轮子，也不使用负重牲畜。然而，让他们在科尔特斯面前不堪一击的，是这个帝国的架构。

16 世纪的阿兹台克帝国还是一个年轻的国度，其历史只有一个世纪之久。但它的第九任君主莫克特苏马，却统治着一大批心怀不满的部族，其中有些还是刚刚才被并入这个帝国，并对统领者满心愤恨。这个由不同族群组成的脆弱集合，一年还要求进贡两次，这就进一步加剧了不满的情绪。君主和臣民之间缺乏真正的凝聚力，西班牙入侵者利用的正是这个根本弱点。这些部族中最为不服的是特拉斯卡拉人。他们并不是阿兹台克帝国的正式臣民，而是敌对部族，他们传统的领地被莫克特苏马的土地包围在中间。与西班牙人的交战刚一开始，特拉斯卡拉人就出于长期的积怨，与西班牙军队结盟，共同攻打阿兹台克人。新加入的力量让科尔特斯的队伍迅速膨胀，他们在 1519 年 11 月 12 日抵达了特诺奇提兰。

特诺奇提兰城是一个建在德斯科科湖中心的城市，将它的各个城区以及它与陆地连接起来的，是一条条人造堤道构成的网络。城内有 20 万居民，人口可能比当时任何一座欧洲城市都多。它存在过的所有证据，后来只存在于西班牙征服者们的叙述，以及天主教方济各会托钵僧们记录下的几个阿兹台克人的话语之中。这个前哥伦布时代最繁盛的大都市的瓦砾废墟，目前都被压在现代墨西哥城的巨大水泥地基之下。

科尔特斯与莫克特苏马皇帝最终就是在这样的一条堤道上会面的。西班牙人的数量大概在 400 到 500 之间，他们身后是 6000 个特拉斯卡拉人以及几百个托托纳克人。直到这时，莫克特苏马和他的近臣们才得以目睹西班牙卡斯提尔剑锋和钢铁盔甲之上的闪闪寒光。记载说一开始令他们最为震惊的，是西班牙人的马匹坐骑，虽然也有一些描述说他们对西班牙人作战使用的战犬——可能是某种獒类——也同样表示惊叹。之后开始了一段诡异的时期，西班牙人被当作贵宾款待，被赠以奢华的礼物，任何有价值的东西即使没有被赠予他们，也被西班牙人偷走了。科尔特斯和他的人马受邀在皇宫内居住，而他们就乘势将莫克特苏马扣押作人质。于是在长达半年的时间里，这个帝国都是由被侵略者囚禁的皇帝统治的。

1520 年 4 月，第二支西班牙远征军到达墨西哥，这使得西班牙人之间发生了内讧，并迫使科尔特斯离开了特诺奇提兰城。他离开之后，余下的西班牙征服者就在一次人祭仪式中，对阿兹台克的主要家族进行了大屠杀。科尔特斯回来后，莫克特苏马立即被废黜，最终被杀害，虽然已经无从知晓他死亡的具体情形。西班牙人和盟军在逃离特诺奇提兰城的途中遭遇了伏击。许多西班牙人淹死在德斯科科湖中，并被他们劫来并偷藏在口袋里的金块的重量拖下了湖底。六个月之后，西班牙人和他们的特拉斯卡拉盟军再度包围了这座城市。这个时候，由于西班牙人带来的疾病造成的影响，城内的抵抗力量大为削弱。到特诺奇提兰城沦陷时，这座城池的很大一部分已经被摧毁了，多达10万具尸体散落在街头巷尾。在随后的洗劫中，更多居民命丧刀剑之下。

莫克特苏马的军队在抵御西班牙人时，使用的剑锋是用石块打磨而成的，他们的箭是镶接的，但箭头不是淬过火的金属，而是火烤加硬的木料。他们起初尝试采取惯用的步兵战术抵抗西班牙人，但面对马背上的西班牙征服者们，他们无计可施，因为打个比方的话，那就相当于16世纪的主战坦克。尽管有着诸多军事上的不利条件，他们在人数上的绝对优势本来也不该让西班牙人有任何胜算——即使有特拉斯卡拉人加入科尔特斯麾下也不行。真正起到决定性作用的，完全是征服行为带来的文化冲击，以及西方传染病造成的灾难性后果。最严重的就是天花，这种在欧洲极其常见的病症，却让阿兹台克人完全无力抵御。

文 明 Ⅱ

　　被认为无意间把天花病毒从旧大陆带到新大陆的那个人,本身就是全球化发展时代的产物。弗朗西斯科·埃吉亚(Francisco Eguía),一个非洲奴隶,于1520年在尤卡坦半岛东岸登陆,之后很快就被认为死于天花。他携带的病毒开始在毫无免疫力的人群中肆虐起来。西班牙人和后来的本地记录者都记录下了阿兹台克人遭受的灭顶之灾。一位目睹这一事件的西班牙修士写道:

　　当天花开始袭击印第安人时,它成了肆虐整片土地的恶性瘟疫,大部分地方,人口死亡超过半数……他们像臭虫一样成批成批地死亡,尸体堆在外面无人收殓。还有许多人是被饿死的,因为他们常常突然间全部患病,无法互相照料,

12. 阿兹台克的"五代石刻"。上面刻有各种象形文字和图案,是阿兹台克被征服后幸存的艺术品中最重要的一件。但我们无法完全理解它的艺术和文化作用。

也没有人给病人提供食物以及任何生活物资。在有些地方，一旦一所房屋内的人都死光了，因为已经不可能掩埋如此巨大数量的死者，人们就把房子拆了盖住尸体，抑制臭气的传播。所以他们的家，就成了他们的墓冢。[5]

被对黄金的贪欲所支配的科尔特斯及其手下，对阿兹台克人的遭遇是无动于衷的，他们也没有试图去理解自己击败的文明所拥有的文化和艺术。在对特诺奇提兰城的围攻与后续的破坏中，大量当地艺术品遭到洗劫，大部分的城市也被摧毁了。由于对阿兹台克地区广泛实施的人祭行为感到日渐憎恶，西班牙征服者们心中燃起宗教使命的热情，继而展开了更加激烈的宗教毁灭行动。不过，科尔特斯也认识到，阿兹台克的艺术品，可以作为一种富有异域风情的道具，让他在对财富和地位的无休止追求中更上一层楼。为了赢得国王卡洛斯五世（King Carlos V）的赞赏和支持，他用三艘船装满了墨西哥艺术品运回欧洲，一起运回去的还有其他仪式或日用物件。阿尔布雷希特·丢勒见过其中一部分藏品。他可能是当时思维最开放、最具好奇心的艺术家了。他在1520年8月27日的日记中写道：

我看到了他们从新的黄金大陆带来献给国王的东西。有整整一英寻（一英寻约合1.8288米——编注）宽的纯金太阳，还有一样大小的银制月亮，以及满满两房间的当地人的盔甲、各式武器、甲胄、飞镖，奇怪的服饰、床，还有各种奇趣的日常用品……有生以来我从未见过让我如此充满喜悦的东西，因为我在其中看到了非凡的艺术品，这些异域工匠天才的巧思让我惊叹。语言和文字都无以表达我当时的心情。[6]

13. 双头蛇。阿兹台克文明存世的最珍贵的艺术品之一。蛇身是木刻的，然后嵌以绿松石覆盖。它很可能是莫克特苏马国王赠予埃尔南·科尔特斯的礼物。

第一次接触

在安特卫普见到这些物件后，丢勒对其精妙工艺的欣赏，以及他对阿兹台克人非凡创造力的赞美，都出自他作为艺术家特有的敏锐。但是正如所有其他曾惊叹于这些物件的人一样，丢勒的激动心情同时也源自这样一个事实：制作出这些物件的民族，仅仅在两年前，还根本不为人知。对于16世纪的欧洲人来说，这些展品无疑是一种异域文明的艺术品，来自一个无论是宗教经文还是古代典籍中都从未出现过的大陆。即使对于得胜的西班牙人，与如此伟大的新大陆文明相遇，对其固有的信仰和知识体系而言，也是极具颠覆性的。

丢勒当年所见的艺术品大多都已经失传。令人深感惋惜的是，阿兹台克的艺术品和工艺品只有一小部分留存到了今天。那种羽毛镶嵌作品——很可能是墨西哥最发达成熟的艺术形式的产物，几乎不可能被保存下来。但此外还有几千件更为坚固的艺术品，也因为其他原因而失传了。贵重金属制成的物件经常会被熔化，珍贵的宝石会从原来的位置上被挖走。"幸存者"中非常出色的一件，是被称作"双头蛇"的镶嵌艺术品，现藏于大英博物馆。蛇身主体用木头雕刻而成，表面镶嵌着小片小片的绿松石，是用树脂精密黏合上去的。明亮的白色贝类小碎片被用来制作蛇的牙齿，红色的多刺牡蛎壳构成蛇的两张嘴。蛇的全身共覆盖着两千余片绿松石，所有鳞片的反光于是汇集成闪烁流动的效果，制造出一种它在运动的错觉。[7]这些绿松石很可能就是让双头蛇得以完好保留下来的原因——虽然在阿兹台克人眼里,这种宝石比黄金更贵重,但西班牙人对此却没什么兴趣。

作为同类艺术品中唯一的幸存者,双头蛇最初的宗教仪式功能,如今已是不得而知。它可能是莫克特苏马皇帝本人仪典服饰的一部分,用绳索穿着戴在他胸前。也有可能,双头蛇在仪式中会被放置于柱状物顶端展示给所有人看。但是,无论是用来穿戴还是用来展示,它的象征意义都是一目了然的。这件艺术品创作中使用的"双重"观念,位于阿兹台克信仰体系的中心位置:这条蛇不但有两颗头,身负多重的象征意义,它还可能是一种混合的生物——蛇鸟,或长着羽毛的蛇,即阿兹台克的神明羽蛇神(Quetzalcoatl)。不幸的是,莫克特苏马可能认为,科尔特斯就是羽蛇神的化身。[8]

墨西哥——这时已被重新命名为新西班牙(Nueva España)——从此就被纳入了西班牙国王的统治以及天主教的势力范围。在覆灭了王朝的政权之后,科尔特斯旋即将特诺奇提兰城建成了一座基督教首都。在城中心曾经的神庙位置之上,一座西班牙天主教堂拔地而起。那些躲过了征服与天花传染的人——其数量已无从估算——必须面对第二轮精神与文化上的征服。当最初的黄金洗劫大潮逐渐放缓之时,萨卡特卡斯银矿又被发现了,西班牙对这个地区的统治就进一步加紧了。从16世纪40年代开始，矿产带来的财富令西班牙前往美洲的移民数量激增，西班牙王室对这块土地的投资也在不断追加。新西班牙的矿产收入支持了墨西哥政权的统治，而这又进一步促成了天主教各修会的传教活动，他们旨在使被征服的人们全部改变信仰，树立天主教权威。

无论是西班牙征服者，还是方济会、奥古斯丁修会、多明我修会的修士们，都涌入墨西哥，以极大的热情开展起废除阿兹台克宗教的运动。光是最初的十年，就有 2000 尊神像被推倒，500 座神庙被摧毁。[9] 新教堂在旧神庙的基础上建起来，有时用的就是旧庙的石头。被付之一炬的还有记载着阿兹台克历史与文化变迁的典籍，即象形文字书籍。最后，先前培养特拉库伊罗斯画家和神职人员的学校也被迫关闭。

16 到 17 世纪对中美洲人民的信仰转变，被视为天主教传道史上的一个巨大胜利。新信徒的数量多到连迅速新建起来的教堂都不够用了，而建设和装饰这些教堂的恰是本地劳力，以及学习了欧洲设计风格的本地画家。以改变全体阿兹台克人的信仰为最终目的，天主教修士们把最初的工作重点放在当地富裕的贵族家庭身上，因为这些人对周围人群的示范作用最大。他们也在年轻人身上下功夫，他们的成长环境脱离了父辈传统，修士们认为他们非常容易接受新的信仰。

大多数方济会、奥古斯丁修会、多明我修会的修士，这些新西班牙的精神征服者们，都对工作进行得过于顺利感到惊诧。阿兹台克人看起来非常乐意接受这种新信仰——虽然修士们也担心，这些新信徒关起门来，仍然在家偷偷祭拜他们过去的神明。一些修士开始认为，大多数新信徒并不虔诚。他们注意到传统的治疗者和占卜者仍然在活动，特别是在远离西班牙势力中心的偏远乡村。要想清扫阿兹台克宗教的最后一丝痕迹，驱逐异教信俗，这些修士首先要有能力辨认哪些当地行为传统才是基督教意义上的偶像崇拜。这就要求他们必须更深刻地了解自己想要清除的那些宗教与文化实践。到 16 世纪 30 年代，一些更为敏锐的修士，尤其是方济会士，意识到那些被销毁的典籍，才是了解阿兹台克宗教的关键。于是，他们开始仔细审阅幸存的典籍，讯问阿兹台克祭司，重新求助于阿兹台克画家来解密典籍中的图形和象征。[10]

在来到新西班牙的方济会成员中，有一位叫作贝尔纳迪诺·德萨阿贡（Friar Bernardino de Sahagún）的修士。他在 1536 年协助建立了特拉特洛尔科的圣克鲁兹皇家学院，一所致力于研究那瓦特语言和培养本地神职人员的机构。德萨阿贡学会了那瓦特语，并在一系列对各省份的探索游历，以及与当地居民的共同生活中，不断积累对阿兹台克文化的了解。他还组建了一支由当地画家和翻译组成的团队，与他共同撰写阿兹台克文化的图文记录。这项工作的成果就是庞大的十二卷《新西

14、15.《佛罗伦萨手抄本》第九卷中的图画展示了阿兹台克音乐家表演和人们查看地图的情景。这些图画是由与方济会修士贝尔纳迪诺·德萨阿贡共同工作的阿兹台克画家创作的。

班牙通史》。

　　由于这套书籍现存版本中，最著名的就是藏于佛罗伦萨劳伦提安图书馆的那套，因此德萨阿贡的《通史》现在也被叫作《佛罗伦萨手抄本》。这项巨大的工程用图文描述了阿兹台克人在被征服前以及征服期间的信仰、神明、风俗和世界观。文字部分既有西班牙语，也有那瓦特语，尽管某些部分只有一种语

16. 亡灵节和 calavera，即经过艺术处理的头骨面具，都成了现代墨西哥闻名遐迩的文化符号，詹姆斯·邦德在《007：幽灵党》的开场中就采用了这种扮相。而这一节日的起源可以追溯到阿兹台克人的宗教信仰。

言。第一卷是对阿兹台克21位神明的概述，这对西班牙人来说是极其难以理解的。每位神明都有描述和图示。之后的几卷论述的是典礼和仪式、神明的起源故事、预兆和迷信的作用、被西班牙人攻占前占主导地位的政府组织形式，以及贵族阶层的风俗习惯、消遣方式。第12卷是根据德萨阿贡于1553年到1555年之间亲自收集的多方描述整理而成的，让我们得以从阿兹台克人的视角看待西班牙人的征服。虽然这已经是经德萨阿贡转述过的版本，《佛罗伦萨手抄本》还是试图让这个曾在科尔特斯狡猾的选择性描述中失语的民族，获得了自己的声音。这种本土的声音，在通过画面传达时，产生了尤为生动的效果。而这些图画，也是这一整套编纂于16世纪的书籍最突出也最优美的特点。

大征服及其后几十年的破坏性是不言而喻的，但也正如《手抄本》所体现出的那样：欧洲文明与阿兹台克文明突然碰撞之时，也在一定程度上发生了对话交流。流传下来的阿兹台克文化中最具活力也最有视觉冲击力的部分，就是他们的亡灵节。这项传统在和天主教传统的万圣节和万灵之日融合之后，又重获新生，成为现代墨西哥的一个全国性节日，但仍然保留着部分前殖民时期与异教文化的本质。对先人灵魂的纪念，头骨的象征，为亡灵献上食物和鲜花，这些都不是天主教的传统，而是阿兹台克信仰体系在现实中的回响，五个世纪以来，一直被他们的后裔保持传承着。头骨面具（calavera）已经成为亡灵节独特的象征，并迅速成为现代墨西哥在世界范围内的文化符号。

为征服正名

没有一个社会在经历了地理大发现时代之后还能维持原状，无论是征服者还是被征服者。西班牙也不再是过去的那个国家了。从新大陆获取的巨量金银让它一跃成为欧洲最富有的国度。许多人认为，残酷的征服因其传播了基督教而得到辩护。虽然宗教裁判所一直残暴无情地维护天主教信仰的纯洁性，但观念和文化的交流是不可阻挡的。

尽管西班牙向世界各地输出文化和信仰的姿态相当强势，但这却不能让她免受他国文化的影响。在西班牙教会的精神中心托莱多，各种文化相互碰撞融合，在此过程中诞生了欧洲艺术上最伟大的一些作品。例如一位视域奇异，充满宗教异象的艺术家的作品，画家其人的风格与情感的烈度比同时代人超前了几个世纪。他出生在克里特岛，原名叫作多蒙尼克斯·狄奥托科普洛，在西班牙，人们都称他为"厄尔·格列柯"（El Greco）——"那个希腊人"。格列柯使用的是希腊正教的传统，同时加入了意大利风格主义中一些怪异扭曲的元素,而他最大的成就则是将这些影响以一种独特的方式糅合起来,表达出了16世纪托莱多宗教文化的疯狂激情。1596年,他开始为这座城市创作一幅极具表现力的全景画作。在他的画笔下,托莱多城被上空的雷电照得闪亮,呈现为一幅神圣城堡的景象,上帝在此向西班牙教会彰显着权威。托莱多主教座堂的塔尖在天际线上破空而出。格列柯最伟大的几幅作品都是为这所教堂创作的。

格列柯的画作如今仍然高悬在它最初被创造出来时摆放的地方:教堂的祭衣室,也就是神父在做弥撒前更换衣袍的场所,所以格列柯选择"脱去基督外衣"这个题材也很应景。我们看到的是这样一个时刻:基督即将登上十字架之时,人们剥去他的衣服。没有任何其他一位艺术家能比他更生动地捕捉到西班牙天主教对基督牺牲过程中残暴和恐怖的强烈痴迷。尽管画面中没有血迹,但穿透基督身体的暴力是被象征性地暗示出来的:通过他深红的衣袍。这也暗示了我们,十字架之刑本身就是一种血的祭献,与被西班牙征服的阿兹台克人宗教里的"人祭"行为形成了奇异的呼应。当格列柯画出十字架上的基督备受折磨而扭曲的身体时,

---

17. 在对比鲜明的色彩与比例夸张的画面中,格列柯将基督置于暴风骤雨的天空背景之上,孤立地备受折磨。背景中的托莱多城是格列柯生活了40年的地方。

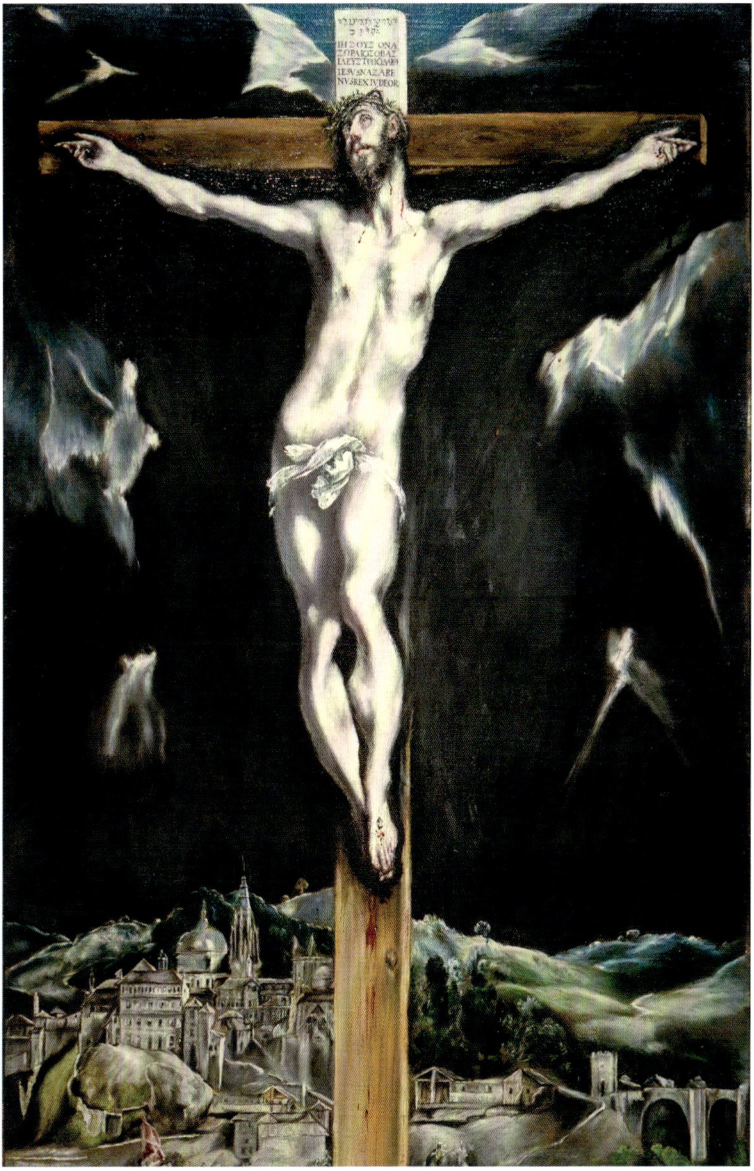

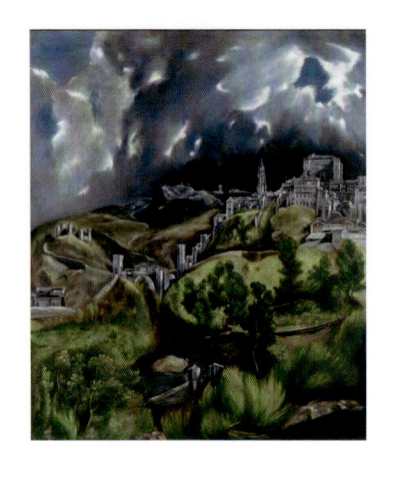

18. 仅存的两幅格列柯风景画之一:《托莱多风景》。他在画中对城市景观进行了重组再现,让这个城市看似一个神圣的基督教城堡,烘托出17世纪早期弥漫在整个城市的狂热宗教氛围。

他十分清晰地表达出了这个"祭献"的概念。基督的鲜血滴向的不是一幅圣地景象,而是西班牙帝国跳动着的心脏:托莱多城。

但西班牙征服者在新大陆的故事并不是16世纪的典型事件。某种意义上,它们是特例。因为当欧洲开拓者们登陆更加强盛的帝国,例如印度和中国时,他们发现自己只是一个边缘角色,而在日本,他们面临的也是一个强大的封建社会,无法轻易攻克。

文化的戒心

16世纪的葡萄牙人在与异国开展贸易接触、扩大往来时，明智地选择了秘密低调行事。因此欧洲的大发现时代具体是在何时、怎样到达日本的，一直很模糊。尽管之前完全可能有过更早的来访，但有确切证据可查的第一桩应该是1543年，一艘载有两三个葡萄牙商人的中国帆船，被风暴驱赶上了种子岛的海滩，今天日本鹿儿岛县的一部分。

关于那次会面的一种说法称，船只停靠在那个偏远的海湾里时，首先出现在那里的日本人是附近村庄的几个农民，他们看见滞留在那里的欧洲人极为惊讶。因为语言不通，中国船的船长就用小棒在沙滩上写中国汉字，和当地村民的带头人沟通。通过这种交流方式，村民询问了中国船长，他船上那些奇怪的白肤异服的陌生面孔是怎么回事。[1]欧洲人携带的物品也显得相当怪异有趣。种子岛当地的领主时尧（Tokitaka）很快就和葡萄牙人安排了会面，看到当场演示之后，他买了两支火绳钩枪（火绳枪的早期形式）。²时尧把这些武器给了一位名叫八板清定（Yasuita Kinbei Kiyosada）的兵器打造大师，他仿制了这种枪，于是开启了日本的枪炮时代。日本铁匠制造的火枪，也因它的发源地而得名为"种子岛"。

接下来的一年中，更多的葡萄牙人来到了日本，当然，乘坐的是他们自己的船。当时被风暴驱赶到种子岛的葡萄牙人得以再次见到来自家乡的同胞。很快，随着商船货物往来的进一步发展，双方之间的相互认识也在增进。³马可·波罗曾将日本形容为黄金之岛，在文艺复兴晚期的欧洲，日本被认为是所有已知文明中最遥远的一个。葡萄牙商人很清楚，在日本——在亚洲其他大多数地区也是一样——他们完全没有像在墨西哥和加勒比那样大肆侵略的可能性。16世纪的日本在人口上就是个大国，人口可能超过1200万，是葡萄牙本身的数倍之多，远远超过大多数欧洲国家。同时，日本相当富有，社会高度组织化，军事上也很强大。

日本天皇只是一个仪式性质的虚君，整个国家的权力被几个旗鼓相当的地方领主"大名"所瓜分。虽然处于不断的国内战事之中，16世纪日本的表现，绝不像莫克特苏马的墨西哥面对科尔特斯那样软弱。欧洲人在与美洲文明接触时的那种标志性的征服模式，在亚洲就不管用了。日本和欧洲的交流，按历史学家霍尔登·弗伯（Holden Furber）的说法，就是开启了一个"伙伴关系的时代"：这个时代被亚洲和欧洲之间的合作往来所定义，一直延续到现代早期。[4]

贸易是到达日本的欧洲人唯一的选择。这种贸易有着明显而多方面的吸引力。日本的商品本来就是欧洲以及亚洲其他地区所需要的，葡萄牙在这些亚洲地区都建有贸易站。而更重要的是，日本人有足够的财富来购买欧洲人试图贩卖的大宗货物。他们财富的形式是白银。西班牙在新近占领墨西哥和秘鲁之后，成为最大的白银产出国，而日本的白银资源储量紧随其后。在17世纪初，日本白银开采量几乎占据了全世界的三分之一。[5] 在经济史学家称为"白银世纪"的年代里，这种贵金属是西班牙与中国的贸易中最急需的产品。[6] 事实上，现代早期的世界交流本身就可以部分地理解成白银的环球流通。大量的贵金属，无论是开采自新大陆，还是提炼自日本的火山岩，都被输出到中国，用以购买中国产品。中国在很多层面上都是第一个全球化时代的中心。16世纪时，它的人口在全球占到25%，这个数字比今天的比例还要大。中国生产着多种当时最昂贵的商品——丝绸、细瓷、珍珠和漆器。葡萄牙和日本的商贸往来很大一部分都属于中国贸易。一条中国明朝的旧法禁止中国人与日本直接通商，因此葡萄牙人就成为中间商，用来自新大陆和日本的白银来购买中国丝绸，然后再卖给日本换取更多的白银。而在中国，葡萄牙人又通过颇高的汇率用日本白银来换取中国的金子，同时购买更多的中国奢侈品卖给欧洲人，从中赚取巨额利润。

日本人把他们自己在这个全球贸易中涉及的部分称为"南蛮（Namban）贸易"。这个说法来自一个中国和日本共有的称谓，在新的时代背景下，又被用来形容欧洲人。这是个不太好听的词语，"南蛮"就是"南邦蛮夷"的意思：因为欧洲人都是从南边来的——来自他们在中国（澳门）和印度（果阿）的基地；而说"蛮夷"是因为日本人难以接受欧洲人的卫生和礼仪标准，更厌恶他们在餐桌上的举止。

这种贸易中还有另外一种商品，后来几个世纪的讨论经常将其忽略掉：奴隶。日本人，大多是贫穷的农民，被售卖为奴。最值钱的是年轻的女孩，被贩卖做性剥削之用。第一批见到欧洲的日本人，很可能就是这些在里斯本港口登陆的奴隶。也有证据表明，16世纪到17世纪为葡萄牙人在船只上以及澳门贸易点上做苦力的、本身也是奴隶的非洲人和马来人，也曾成为葡萄牙所贩卖的日本女人的买家。[7]

在17世纪，来自西班牙、意大利、荷兰共和国和英国的商人和水手也加入了葡萄牙人的贸易队伍。日本人把荷兰人和英国人称作kōmōjin——红发人。欧洲人带来了新的科技、新的艺术形式和新的食物，其中很大一部分，比如红薯是新大陆的产物，即使对欧洲人来说也是很新奇的。西瓜在那时第一次出现在日本，面包也是如此。但那个时候最新奇的烹饪方式当属葡萄牙人将食物裹上鸡蛋面糊油炸的做法，几经改造后它就演变成了日本天妇罗。

欧洲人和日本人在这一时期的贸易和交流，被描绘在一种当时流行的新兴日本艺术载体，南蛮屏风（namban-byobu）——巨大的、多扇的、绘有图案的屏风之上。鹿野（Kano）、土佐（Tosa）和住吉（Sumiyoshi）艺术学校里的许多大师级艺术家都创作了此类作品，画面绚丽，细节丰富，更大胆地使用了金箔画技巧。屏风画在日本已有几百年历史。屏风是用来隔断日本房屋内的房间格局的。屏风的大小不一，构成数量也从两扇到六扇不等，虽然16世纪到17世纪的南蛮屏风传世至今的只有大约90面，[8] 今天在日本之外已经鲜有人知，但它们也是一种精美的例证，展示着以日本人的视角观察到的那个几乎已被遗忘的16世纪全球化时代。

屏风描绘了葡萄牙商人乘坐着他们黑色的远洋船只，到达日本口岸的情景——黑色是因为船帆上刷了用来防水的沥青。绘制这些屏风的画家本人可能并没有亲眼见过葡萄牙船只。一些人绘画的原型，很可能是来自流传在日本上流社会中的欧洲地图里的船只形象。[9] 但许多最有趣也最吸引人的南蛮屏风，描绘的都是葡萄牙商船卸货的情景。成卷的中国丝绸堆放在甲板上，或者被卸到小船上运往岸边。还有许多其他商品整齐地叠放在海滩上。商人们在居民点的街道中游走，穿过屋舍，收获当地人艳羡的眼神。他们带着中国家具，把富有异国色彩的动物养在笼中或牵在手上，

19. 一幅由画家狩野内膳创作的南蛮屏风，展现了葡萄牙商船到来的情景。正在卸下的商品中有来自阿拉伯的骆驼和马匹。日本人将他们的欧洲贸易伙伴称作"南蛮"，意思是"来自南边的蛮夷"。

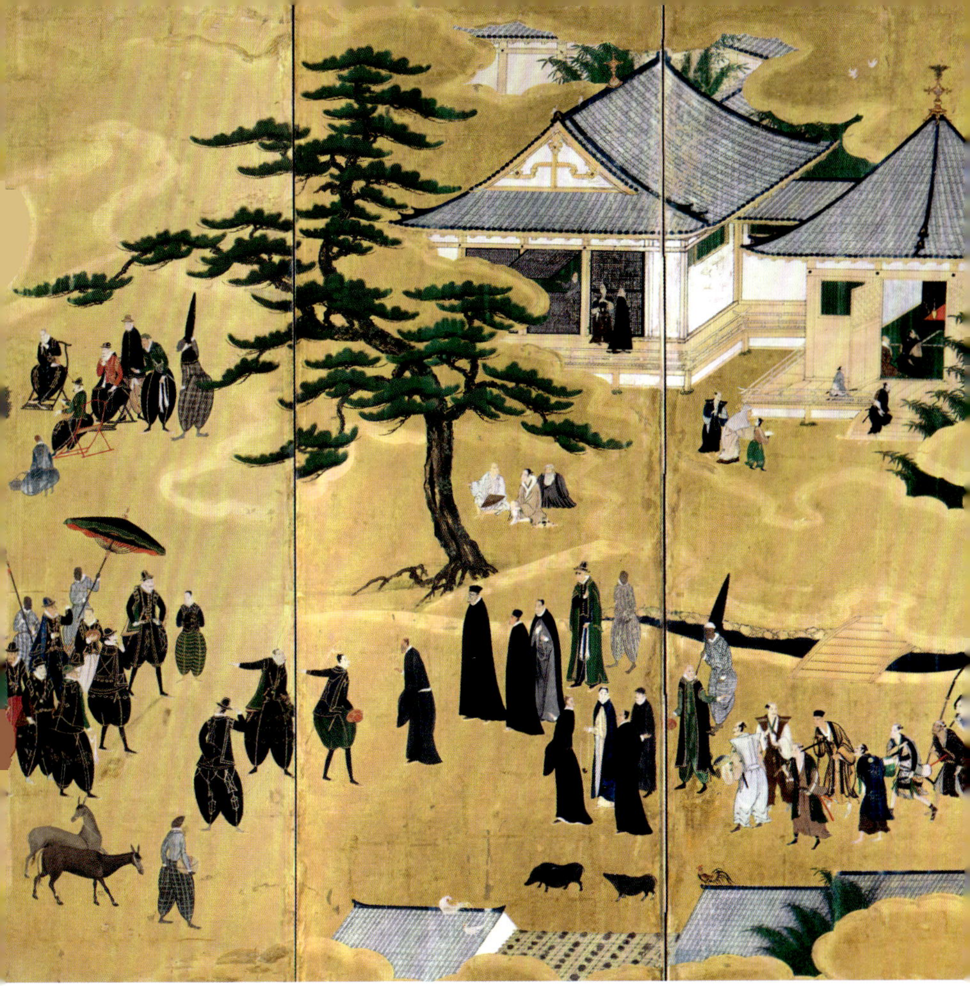

当然，还带着更多的丝绸。在一幅由画家狩野内膳（Kanō Naizen）创作的南蛮屏风中，人们正把一头骆驼从登陆点牵走，而一群葡萄牙和非洲水手在努力制服两匹波斯马。另一幅屏风画中出现了孔雀，甚至还有孟加拉虎。欧洲人为海滩赋予了叙事和生机活力，而在岸上等候他们的则是日本官员，正和这些新贸易伙伴有条不紊地交流着。

很明显的一点是，对于创作这些屏风的日本画家和购买屏风的日本人来说，葡萄牙船只上的船员，和他们带来的货物一样新奇有趣——当日本人与葡萄牙人的交会，不可避免地带来他们和葡萄牙贸易帝国里其他更多人种的交会时，这种新奇感就更加明显了。南蛮屏风画家仔细描绘了葡萄牙帆船上的非洲船员——有奴隶，也有自由人——还有印度人、马来人和波斯人。南蛮屏风捕捉到了这两个人群相遇的时刻：当时全球最具航海经验也最见多识广的葡萄牙人，和相对与世隔绝的日本人。这些现存的屏风神奇地保留了从16世纪亚洲人的视角看到的全球贸易和跨文明大交流发生的场景。

虽然南蛮屏风的创作主题是关于外来者的到来，但画家的绘画风格却是本土的。一些更活泼的南蛮屏风画面中，甚至还藏着一丝对欧洲人温和的嘲弄。这些来自欧洲及其帝国的访客们用来躲避蚊虫叮咬的灯笼裤被画得滑稽又肥大。欧洲人的鼻子在日本人看来特别高挑醒目，所以就画得很夸张，有时还特意加上俏皮的小胡子。尽管画面描绘的场景相当热闹忙碌，充满新奇感和陌生的异域风情，但南蛮屏风仍然给人一种平和而静止的感觉。这或许也体现了日本人对欧洲人的到来所持的冷静态度：日本人自信有能力管控这些来客，同时把关注的重点放在国内政治与权力斗争上。那位在1543年为最初登陆种子岛的葡萄牙人做翻译的中国人曾经十分困扰，觉得欧洲人明显缺乏"一套恰当的礼仪"，看到他们"用手吃饭，不用筷子"，"情感表达肆无忌惮，毫无自制"，"无法理解书面文字的意思"，更是觉得厌恶。但最后这个中国人回顾了葡萄牙人与其交流前后的整体表现，总结道"这个人群还算是无害的"。[10]

但后来的事情证明，这位1543年的翻译的看法错了。火枪的引进迅速搅乱了16世纪日本的势力平衡局面，并在日本战国时代的历史中扮演了关键角色，日本各方势力的人马有了仿造自欧洲军火的装备后，相互征战倾轧，最终走向了一统。

许多南蛮屏风还描绘了另一群同样打破了日本社会格局的欧洲人，这群人迫使日本人开始重新思考自己曾经给欧洲人贴上的"无害"标签。这些人的形象常常出现在海滩或水边的定居点中，他们已经在日本定居，正在等候来自葡萄牙帝国的下一波到访者。这些人就是耶稣会士。其他画面中，他们也会出现在日本风格的教堂旁边。对葡萄牙人来说，向日本人传教也是一项重大任务。此时欧洲的格局已被宗教冲突与新教改革严重割裂，这让耶稣会士们更决意将自己的信仰传播到最遥远的国度,以加强罗马天主教会的势力——无论是实质上还是象征意义上的。葡萄牙传教士的任务完成得如此成功,以至于历史学家 C. R. 博克瑟(C. R. Boxer)把这个时期(1549—1639 年)称为日本的"基督教世纪"。[11] 1550 年时,只有约 1000 个日本人改信这种新信仰。而到了 1580 年,这个数字就达到了 15 万人。到 16 世纪末期,日本基督教徒多达 30 万,之后很快又涨至 50 万。[12] 这种新信仰在日

20. 一些耶稣会会士正在迎接刚刚到达的葡萄牙商人。这些天主教传教士在日本传教的巨大成功最终导致日本政府将所有欧洲人驱逐出境。

本三岛中最南边的九州岛发展得最快，连一些地方大名都入了教，并主动协助耶稣会士的传教工作。

1603 年时，这一波信仰转化活动正进行得如火如荼，而日本战国时代的纷乱也渐入尾声。葡萄牙人无意间引进日本的火枪，令日本国内的军事胜利比火器时代之前的任何时候都来得更加迅速而彻底。战国时代以一股对葡萄牙人及其宗教都怀有敌意的势力大获全胜而告终。一直统治日本直到 19 世纪 60 年代的德川幕府对耶稣会极不信任。16 世纪末期，日本人目睹了方济会与多明我会之间的激烈竞争，欧洲人内部的争执日益公开化，各个修会之间相互攻击，指责彼此对日本主人的动机。[13] 而当德川将军们得知了西班牙人对阿兹台克人的所作所为，又听闻墨西哥的悲剧几年后又在秘鲁大征服和印加王国的毁灭中重演后，他们的疑虑就更深重了。目睹了菲律宾在 16 世纪末期遭受西班牙侵略并被逐渐征服的经过，日本人也同样感到不安。

德川幕府的第一位将军德川家康（Shōgun Ieyasu）是对外贸易的强烈支持者，对传教行为也很宽容。他在位的头几年里，基督教徒的数量激增，但在 1614 年，他又颁发了一项基督教驱逐令。1623 年，第二位德川将军，德川家康的儿子德川秀忠（Shōgun Hidetada），在长崎处决了 55 名传教士（一些人还被象征性地钉上十字架），并驱逐耶稣会士。改信新宗教的日本人被残酷压制，所有日本人不得进行宗教活动，拒绝放弃基督教信仰的日本人一律判处死刑。耶稣会建造的教堂被拆除。1633年到1639年之间,德川幕府发布了一系列被称作"锁国令"的通告,自1550年开始的南蛮贸易就此停止。德川家光将军宣布"锁国"时代的到来,至少在理论上要求日本与外界完全切断关联。日本人不得离开自己的国家,远洋船只制造也被禁止。所有外国人,不只是传教士,都一律驱逐出境,外国船只不得进入日本口岸。"锁国"时代延续了215年。但日本的"锁国"并不彻底,它更应该被理解成一个限制接触的时期——管控之下的全球主义——而不是完完全全的隔绝孤立。当时日本对外接触的窗口是出岛,一个在长崎海湾为此目的特意建造的人工岛屿。从出岛到日本本土的通行权限管控严格,实施监管也很容易,这样既能让日本人民享受到对外贸易的好处,又能保证欧洲人无法传播宗教,也无法让传教士偷渡到本土。在出岛,中国船只是允许通商的,享受同样待遇的还有一个欧洲国家:荷兰共和国。

为什么是荷兰呢?荷兰人身为新教徒,更看重利润而非施加宗教影响,所以就比信奉天主教的葡萄牙人更受信任,虽然日本贸易伙伴们也常常询问荷兰人他们的宗教信仰到底是什么。还有一种说法是,日本人更喜欢和荷兰人在一起,因为两者都喜欢喝烈酒,但虔诚而克己的葡萄牙人就不行。当然,饮酒习惯和宗教情感还不足以解释为什么荷兰人能够被日本德川统治者接受。他们成功的部分原因还在于,他们掌握了高超的外交技巧,赢得了日本人的信任。

位于这个故事中心的，是荷兰的东印度公司（VOC），该公司成立于 1602 年，是历史上第一个跨国公司，也是第一个允许大众买卖股票与债券的公司。这些机制上的创新极好地适应了这个由七个分散的、半独立的省份组成的国家，而且这里人们普遍持有的加尔文主义观念鼓励他们储蓄和积累资产。这个公司建立背后的理念非常简单。之前已经存在的诸多荷兰贸易公司有动力联合起来，形成一个新的东印度公司，在东印度群岛享有贸易专营权，这样也就防止了荷兰的贸易公司在相互竞争中造成浪费。

在他们于出岛设立的工厂之中，东印度公司学会了当地政治游戏的规则。公司完全在日本人提出的规则框架内活动，这个框架很严格，没有调整的空间，为他们明确地定义了一个处处受限的角色。不仅如此，东印度公司享受的所有权利，都是由强制的义务和责任换来的——其中包括随时加入幕府的军事力量。在这种环境下，幕府将军的绝对权威令荷兰人不可能有任何军事上的意图。为了在这种条件下生存下来，荷兰人将自己融入了日本政治体系中。事实上，他们被驯服了。[14] 像其他封臣一样，他们必须定期地、夸张地表达出自己的臣服。每年，荷兰人组织的代表都要长途跋涉到日本首府东京参拜幕府将军。一位总督－将军在 1638 年这样写道：

文 明 Ⅱ

不能贸然去打搅日本人。你必须等待正确的时间与机会,怀着最大的耐心才能得到东西。他们不能忍受别人顶撞他们。所以我们让自己显得越渺小,越是装作按照他们的要求行事的渺小、卑微、谦逊的商人,就越能在他们的土地上获得青睐和尊敬,这些都是我从长期经验里总结出来的……在日本,你再谦逊也不为过。[15]

荷兰并不仅仅是一个在日本享受最惠国待遇的国家,他们同时也起着"启蒙商人"的作用,输送着西方的科技,提供着欧洲乃至全球的新闻与发展资讯。东印度公司的商船载着科学与艺术的新思潮,将它们通过出岛的码头传到整个日本。从出岛逐渐渗入日本的是欧洲启蒙运动的成果——钟表、地图、显微镜、天球仪与地球仪、眼镜与

21. 由铃木春信(Suzuki Harunobu)绘制的木版画,描绘了两个年轻日本女人和一个立体图形观测器——被叫作"荷兰镜"的装置。这种流行的欧洲进口装置能让特制的图案显得更加三维立体。

22. 东京画家圆山应举绘制的一对雄鸡图以成熟的风格显示了东西方绘画技巧的融合。

医疗器械。望远镜也被进口到日本,而且最终也像之前的火枪那样,被本地制造商研究并仿制。

在"锁国"时期的后一阶段,日本人的好奇意识高涨起来,先前对西方书籍的一项禁令也被解除,数千种记载着医学、化学与哲学发展的西方著作通过出岛被介绍到日本。这些书是由几位来

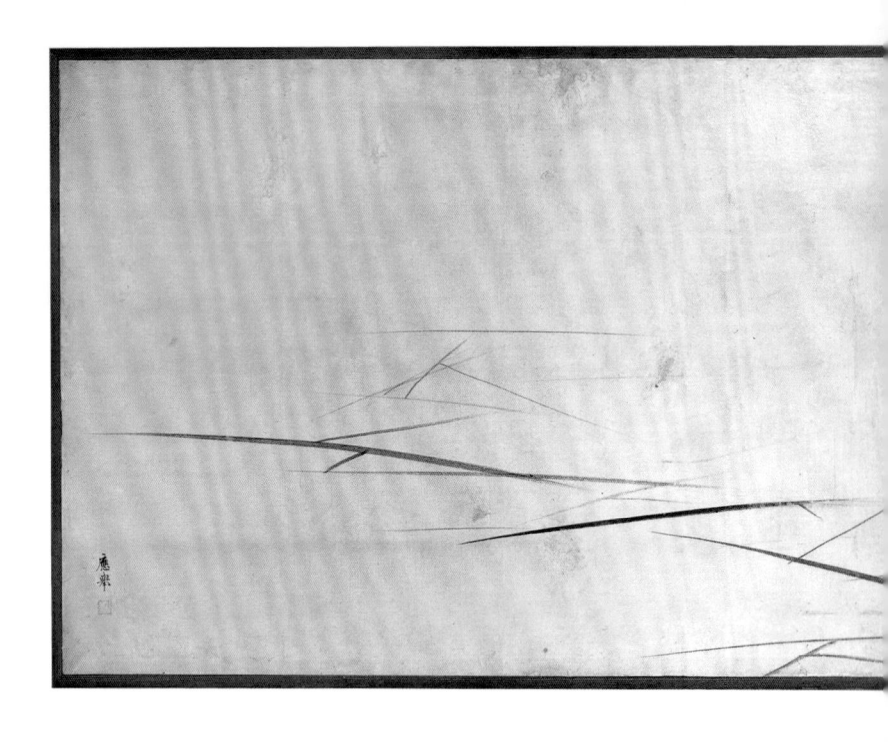

自长崎语言学世家的学者翻译,语言翻译技能在这几个家族中代代相传。他们就是在后来被称为"兰学"(荷兰的学问)的知识长链中起着连接作用的先行者,"兰学"这个术语专门用来指代从西方引进的知识,无论其实际起源究竟在于何方。

由出岛引入的一种新奇的科学事物意外地影响了日本的美术,日本人称之为荷兰镜。这种简单的光学装置是由一块木盒和放置在其中的凸透镜构成的,盒子前面放上根据欧洲透视法绘制的风景图,透过镜子看到的视觉效果就会显得颇为立体。长期以来,

23. 圆山应举最著名的一幅作品《裂冰》。画在用作传统茶道仪式背景的双面纸屏上。他将西方的灭点透视技法融入日本传统题材创作中。

日本人适应的都是扁平的装饰性风格绘画，全国主流的、得到国家认可的美术学校里教授的都是那种绘画传统，所以对日本人来说，这个装置的视觉冲击力相当巨大。[16] 有一位创作荷兰镜绘画的日本画家叫作圆山应举（Maruyama Ōkyo）。他早年曾经为京都的玩具商绘制玩具的面孔。转向绘制荷兰镜风景画之后，他学到

了灭点透视法。他的创举在于将这项新学到的技能应用到关于日本题材，如中世纪传下来的"葵祭"的创作中，赋予这些传统事物之前的画家从未使用过的景深。

他的一幅杰作《裂冰》，是茶道仪式上使用的一种低矮的两面绘屏（黑崎屏风）。画面展示的是一幅冰面，可以想见是冬天的河面，上有一系列爆裂的参差裂口，逐渐隐于雾气之中。画面稍微使用了透视法处理的结果，就是呈现出一种三维空间的视觉观感。作为文化融合的产物，《裂冰》本质上还是相当日本的，体现了对两种佛家根本概念的哲思：不完美与易逝性——参差的裂纹、失控的不规则线条是形式上的不完美，而行将融化的冬季冰块这个题材本身就是一种易逝性的体现。

拥抱新生

对于荷兰人的跨大陆贸易帝国来说，种子岛只是其中一个节点，而这个帝国和西班牙在美洲建立的帝国又是相当迥异的。与西班牙人不同，荷兰人对改变非欧洲人的宗教信仰兴趣不大，他们只要自己保持新教信仰就可以了。虽然他们在全球航行中一直是全副武装的，必要的时候完全可以大开杀戒，但除非明显有利可图，否则他们不会去征服任何人。根本上说，这是个商人而非征服者的帝国，他们的座右铭是"利润、稳定、包容"，其中反映出的实用主义精神至今仍是荷兰人国民性格的一部分。

他们是这样的一个族群：通过几代人不懈的努力填海造地，他们造出了一个王国，这还真算是和大海打了一场持久战。他们战斗的工具就是海渠、海堤和无数用于排干荷兰田地的风车：这种装置也成了荷兰的一种非正式的国家象征。荷兰人是一群冷静理智的实用主义者，只要没有被迫进行战事，他们总是坚守底线。这个国家从意大利人手里夺走了"欧洲最佳经济创新者"的称号，致力于赚钱牟利的艺术。在荷兰共和国，金钱并不是简单地被花掉，而是被循环利用的。荷兰人实质上发明了现代股票交易体系，这个经济引擎从那时开始就不断推动着资本主义的发展。阿姆斯特丹交易所（the Bourse）使得荷兰人可以买卖共和国全球贸易公司的股票与债券，这将阿姆斯特丹变成了17世纪欧洲的华尔街。虽然荷兰人也曾被泡沫和投机坑得很惨——如17世纪30年代著名的郁金香热显示出的那样——但内心深处他们仍然是商人，专注于现实世界的商业交易。

荷兰商人之前的财富积累，来自为他们的欧洲邻居提供生活必需品：谷物、鱼类、布匹曾是支持荷兰经济的核心商品。而远洋贸易开始后，更多的财富和躁动就随之而来了。如我们所知，他们的大多数财富是在和亚洲国家的贸易中充当中间人和承运人而获得的。但荷兰这个海上帝国也给其国民带来了大量新奇的外国商品。东印度公司和共和国的其他贸易公司让这个小小的国家——仅有一万6千平方英里的土地上，挤着区区150万人口——成为全球最大的贸易国。[1]

过去300年里，历史学家们一直在研究他们究竟是如何做到这一点的。学者们不断指出荷兰人在合作与实用主义方面的天赋。这种优点或许并不是内在于荷兰人国民性格的品质，甚至直到荷兰共和国建国之初都还未完全成形。对于荷兰人来说，因为国家是在宗教纷争的战火中建立起来的，所以实用主义就是他们相当乐意获得并培养的特质。尼德兰各省参与的荷兰八十年独立战争（1568—1648年）——最初是为了取得宗教认可，之后发展成要从天主教西班牙获得独立——耗费了他们的"黄金时代"，即17世纪上半叶的大部分时间，只在1609年到1621年之间有过短暂的休战。西班牙之所以能负担得起如此巨大的财力和军力对付尼德兰，部分原因在于墨西哥萨卡特卡斯和秘鲁波托西（今属玻利维亚）的银矿财富源源不断地流入这个国家。因此，对新大陆的征服和统治与在旧大陆发起的宗教战争之间，其实存在着千丝万缕的关联。

七个北部省份——荷兰、泽兰、弗里斯兰、乌得勒支、海尔德兰、格罗宁根以及上艾瑟尔——在西班牙战事中独立出来，组成了荷兰共和国。[2] 虽然这些省份有很多共同之处，但它们走向统一却既非显而易见的选择，也不至于势在必行，而且在整个17世纪当中，各省都仍有许多当地习气和地方主义的残留。但毕竟是洒下了鲜血，付出了真金白银，因此这个新生的国家极其具有包容性，也极度渴求稳定。1/3的人口仍然笃信原来的天主教，但同时，那种让荷兰商人纷纷参股东印度公司的务实倾向，也让各个省份的人们都相当宽容自己身边的不同信仰。荷兰共和国因此也成了一个有许多"隐藏"天主教徒的，账房和商会之国。

在这个看上去不甚坚固的国家的中心——其政府形式和机构

让当时以及后来的历史学家都颇为困惑——坐落着阿姆斯特丹。巨大的商贸网络和航线网络在这个国际大都市汇集，它于是取代了安特卫普，成为欧洲北部最重要的贸易港口。黄金时代的阿姆斯特丹到处遍布着库房，每天进行无数桩进出口贸易，在这里没有什么是买不到的。哲学家勒内·笛卡尔（René Descartes）——身为一个法国人，他成年后却在荷兰度过了大部分时间，并且加入了荷兰军队——形容1631年的阿姆斯特丹是"一个大仓库，存放着可能的一切"。[3] "世界上还能有哪个地方，"他说，"能像这个城市那样，所有你能想到的商品和珍奇在这里应有尽有？"[4] 当日本的德川将军们还在小心翼翼地调整他们和广阔世界接触的程度之时，荷兰人则在全情拥抱他们刚刚开辟的全球市场，陶醉于兴奋与新奇之中。荷兰共和国的商人们在大运河旁建造别墅，外观看上去还是荷兰巴洛克式的拘谨而阴沉，而内部却极尽铺张之能事，摆满得自全球贸易的各种奢华新奇物品——蓝白相间的中国瓷器、从日本出岛运来的漆器、波斯的丝绸、东印度群岛的香料、非洲胡椒以及来自奥斯曼帝国的土耳其地毯。这些商人世家桌面上的银器虽然是由本地工匠精心制造的，但金属原料却来自秘鲁或墨西哥。为他们倒上美酒佳酿的，是荷兰人从非洲买来的奴隶男孩，而且使用非洲家奴成了当时富人家庭中的一种"时尚"。在那个时期大量的荷兰人物画中，我们总能在画面构图的边缘处看到他们愁苦面容上投来的目光。与英国人一样，荷兰人也喜欢歌颂自己独有的自由，然而这种享受却建立在非洲人不自由的基础上。

  黄金时代特有的那种对贸易、牟利的狂热以及几乎是炫耀性的消费，都反映在了荷兰的美术作品中。那种被称为"荷兰奇迹"的巨大经济成就，为艺术的生产和消费提供了必要条件。可以说，在17世纪的荷兰，现代艺术市场被发明了出来，或者说至少是得

24. 荷兰人交易的各种商品清单中还有非洲奴隶一项。一些奴隶被带到荷兰充作带有异国色彩的家奴，参见此处画面显示的家庭客厅场景。

到了第一次试运行。不断积累的财富像一团热火，吸引着欧洲其他地区的艺术家们，尤其是当时还在西班牙哈布斯堡家族治下的南部佛兰德斯省的画家。掌握财富的是城市商人阶级，而非乡村贵族，也正是前者，成了这个时代主要的艺术资助人。他们需要的是一种全新的，摆脱了天主教艺术华丽风格的艺术形式。他们寻找的是能够反映他们自身身份——自豪的共和国加尔文派，通过辛勤劳动，创造出他们现在所享受的财富——的画作。17世纪

25. 荷兰黄金时代的画作都是为共和国自豪而富有的国民而创作的。艺术赞助人就是这些画作描绘的对象，就像伦勃朗著名的《夜巡》这幅画，刻画的就是阿姆斯特丹市民自卫队的成员。

26. 阿德里安·范·乌得勒支绘制的华丽静物画中,满是异域瓜果和(只有富人才能拥有的)奢侈物品。

的荷兰美术作品反映的就是他们的形象,以及他们占主导地位的这个新兴的国家。

伦勃朗·凡·莱因(Rembrandt van Rijn)那幅著名的《弗兰斯·班宁克·科克队长统领的第二区自卫队》(通常被称为《1642年的夜巡》),在巨大的画布上描绘了众出资人的面孔浮现于夜色的暗影之中。班宁克·科克队长统领的自卫队正在集合着准备防卫他们的城市。在巴托洛梅乌斯·凡·德斯特

（Bartholomeus van der Helst）创作于1648年的《弩兵行会的盛宴》中，我们看到行会成员正在庆祝明斯特条约的签订，这项条约标志着他们与西班牙长达80年的战争的结束，为佣兵们提供了退役的可能性。在伦勃朗大约从1661年开始为多德雷赫特商人雅各布·特里普（Jacob Tripp）和他的妻子玛格丽塔·德海尔（Margaretha de Geer）创作的近乎神作的画像中，我们看到的是将荷兰变得如此富庶的商业寡头们那瘦削而苍白的面孔。

大家不那么熟悉但仍然颇具说服力的，是那一时期的诸多静物画，它得了很多荷兰赞助人的欢心，也是荷兰和佛兰德斯画家擅长的题材。这类作品的一种极端形态，绘制的是些寒素的荷兰食物，经过艺术性地摆放后，呈现出简朴之美。[5]而另一种极端则是pronkstilleven，常被翻译作"华丽静物"。由扬·戴维斯宗·德海姆（Jan Davidszoon de Heem）、阿德里安·凡·乌得勒支（Adriaen van Utrecht）、威廉·卡尔夫（Willem Kalf）和弗兰斯·斯奈德斯（Frans Snyders）这些艺术上的先驱创作的画作，以奢华的消费品为刻画对象，向观赏者们呈现了这个海上王国为荷兰商人阶层家庭带来的种种珍奇奢侈。亚麻布铺设的桌面上陈列着大块的肉和堆积如山的水果，这些都被随意地盛装在蓝白相间的瓷碗里。奢侈的食物之间散落着精致的银盘和威尼斯玻璃器皿。整幅华丽静物中真正的明星要数鹦鹉螺杯，由鹦鹉螺泛着珍珠光泽的内壳制成。从太平洋或印度洋的海滩捕捞的鹦鹉螺，到了本地金匠的手中，便化作了华丽的餐饮器具。[6]

阿德里安·凡·乌得勒支在1644年创作了一幅静物画。画家本人并非来自信仰新教的荷兰共和国，而是在南边一些的天主教城市安特卫普工作。画中几张小桌子上，奢靡的水果、肉食和甜点堆积如山。旁边散落着一些乐器和书籍，象征着财富带来的休闲娱乐。一只南美洲鹦鹉在画面一旁觊觎着水果，一只宠物猴抓起一颗莓子。整个画面在多重釉染的处理下呈现出无比真实的质感。

17世纪的华丽静物和城市商人阶层那种阴郁严峻的加尔文主义显得格格不入，更凸显了弥漫在黄金时代的紧张氛围。曾经写过荷兰共和国旅行指南的时任英国驻阿姆斯特丹领事威廉·卡尔（William Carr），认为这个国家新得的财富急遽地改变了荷兰人的品性：

> 过去那种严苛节俭的生活方式在今天的荷兰已经显得过时……吃穿住行的各方面表征上，都几乎难以再见到那种冷静的节制。荷兰人的屋舍不再简易，他们盖起了雄伟的豪宅，建造华美的花园和房屋，使用车厢、马车和雪橇，室内装潢豪华，马具上都缀着银铃。[7]

剧增的财富和肆意的消费带来的道德隐患——至少在华丽静物这个例子里——可以通过一种微妙的双重思考得以解决。凡·乌得勒支、德海姆、卡尔夫和斯奈德斯的画布上所展现的财富，可以被解读为勤恳与节俭的回报，而非堕落炫耀的装饰。华丽静物画中也含有一些"虚空静物画"（Vanitas）的象征性与寓言性绘画语言。"虚空静物画"是这么一种流派，它提醒着艺术赞助人个人财富的脆弱与人生的短暂。昂贵的中国瓷碗中盛放的水果正在变质，精致摆放的鲜花——一个人们恒久偏爱的主题——终将

27. 这些代尔夫特陶瓷片描绘的，就是成就了荷兰的富庶的商船。代尔夫特陶器是荷兰本地对曾经在全球进口货物中非常受欢迎的蓝白色克拉克瓷器的一种模仿。

枯萎，就如同红颜总会老去，生命必将终结。也正是因此，荷兰的精英阶层在尽享财富带来的刺激与全球性消费的新奇时，仍能对信仰的约束表现出敬意，做到了在享受奢侈生活的同时，仍然铭记加尔文主义的教条。

源源不断涌入阿姆斯特丹的新产品，影响到的不仅仅是富裕阶层，而且改变了整个荷兰社会的品味和时尚。而荷兰的另一种辨识度极高的文化符号，就是蓝白釉代尔夫特瓷器，至今还能在荷兰千家万户的墙上看到。许多始建于17世纪的代尔夫特瓷器工坊至今仍在生产碗碟瓷器。在现代荷兰那些专门做游客生意的旅游纪念品商店里，仍然售卖着它们廉价的仿制品。

虽然这项工艺传统的源头可以回溯到17世纪之前，但代尔夫特瓷器的灵感却来自中国克拉克陶瓷，这种瓷器是专门为了出口目的制作的，由东印度公司的商船大量运往荷兰，常常用作压舱重物。荷兰市场上最早的一批中国瓷器是由两艘葡萄牙商船承运的：圣地亚哥号和圣卡特里娜号，分别在1602年和1603年被荷兰俘获，圣卡特里娜号还是在长崎码头被夺过来的。[8]事实上，克拉克这个术语被认为是"加拉加斯"（caracas）的荷兰语变体——得名于被夺取的葡萄牙船只。中国克拉克瓷器本是只有巨富阶层才买得起，并且常常出现在华丽静物画中的，而由代尔夫特城内陶匠制作的代尔夫特瓷器，则是对它的一种廉价的陶料仿制。

这种经济又时尚的代尔夫特瓷器是一个时代的发明,在这个时代里占主导地位的是文化之间不断增进的紧密互动,而不仅仅是简单的模仿借鉴。用以装饰代尔夫特碗碟的图案,就体现了这种日益加深的融合。随着这项艺术的不断成熟,它将中国与日本的主题和荷兰生活场景融合在了一起:张满风帆的东印度公司商船、经过构图设计的郁金香图案,以及无处不在的风车。

远洋贸易也改变着17世纪盛在代尔夫特碗碟里的食物。新的热带食材,如胡椒、丁香和肉豆蔻的进口量不断增大,终于在那段时间里暂时成了荷兰人不断改变的国民食谱中最重要的调味料。

这个时期,在巴洛克房屋张扬的建筑立面背后,在伦勃朗画面中人物红光满面、营养过剩的宽脸之下,却还隐藏着另一个事实。荷兰人诚然是17世纪最大的创新者和冒险家,但人们往往忽略了,他们其实别无选择。这个国家的所有事物都很脆弱,常常命悬一线。与西班牙、葡萄牙和英国的纷争(单是17世纪就有三次英荷战争)不断,作为巨大财富之源的荷兰贸易王国就是在这无休止的战事之中成形的。这就意味着,对于荷兰人来说,所有贸易基地和贸易伙伴的失去,将会和它们的得来一样容易。荷兰对于国家和财富的掌控有时显得脆弱无力。它拥有的工厂既会被围攻,也会在谈判桌上被侵占甚至变卖。1664年一个著名的事件是，荷兰被英国人夺取了曼哈顿岛南边的新阿姆斯特丹，英国人根据约克公爵，也就是后来的国王詹姆士二世的名字，将这块土地命名为纽约（New York）。荷兰人曾计划为新阿姆斯特丹设计的纹章上有两只海狸，因为这块北美殖民地的经济在很大程度上依赖皮毛贸易。

黄金时代描绘海难和海上损失的荷兰画作数量之多，也说明了这个国家的另一项弱点——个人财产和公司资产可以在瞬间化为乌有。远洋贸易从来都是高风险的。贸易很容易就能让一家人暴富，但热带风暴、敌国船只甚至海盗的攻击要毁灭一个家庭也不难。虽然合作股份制公司的核心作用就是风险均摊，但面对破产的巨大风险，公司也是无法力挽狂澜的。在17世纪50年代大萧条的阴影笼罩下，甚至连伦勃朗这样一个时代的明星在1656年遭到债主清点债务时，也失去了他的家园与财产。

这个海上王国在多种方式上都改变了荷兰人的物质生活，但普通荷兰人究竟在多大程度上感到自己与国家的殖民事业密切相关，就很难确证了。两者最强的关联应当是发生在家庭事务之中。荷兰共和国存续期间，曾有100万荷兰人，有男性也有女性，登上荷兰贸易公司的商船前往亚洲和非洲。疾病让其中大多数人有去无回，在加尔各答和圭亚那今已荒废失修的公墓义地中，随处可见他们的墓碑。这种超大规模的全球性人口流动显示了17世纪

28. 虽然约翰内斯·维米尔的画作题材都是位于看似封闭空间内的家庭场景，但他的大多作品仍然暗示出了荷兰黄金时代新兴的全球化趋势：墙上的地图，男人用北美海狸皮毛制成的帽子，都展现出 17 世纪贸易对荷兰人日常生活的影响。

贸易规模的增长，同时反映出欧洲人和亚洲、非洲、美洲人之间的往来之密切。葡萄牙人在 15 世纪后几十年开拓出的模式，被荷兰人极大地扩张了。但尽管如此，还是有很多荷兰人从未踏出过自己的国土。在这些人之中，有一个人，甚至在自己的家人都动身去殖民地寻找财富时，依然固守原地。他就是约翰内斯·维米尔（Johannes Vermeer）。

维米尔出生于小城代尔夫特，也就是代尔夫特瓷器工厂所在的地方，死去的时候也仍然住在这里。据我们所知，他从未离开过荷兰。关于他的生平，现存大多数文献唯一记录下来的信息就是他在这个小城里的生活。约翰内斯·维米尔是一个谜，一个给美术史学家们留下了太多难解的空白的人。他的画作也不多——只有大约 35 幅画留存至今——大多数都是那种著名的私密风格：干净有序到甚至会导致幽闭恐惧的荷兰家庭内部

29. 在《在敞开的窗户前阅信的年轻女子》中，维米尔为读者留下了开放的解读空间。被远洋贸易打上烙印的时代背景不可避免地制造了长途阻隔与分离。写信人是她身在他乡的恋人吗？

的简朴布景。他不是那种以眼界广阔、视野宏大著称的画家。著名的《代尔夫特风景》(1660—1661年)是他已知仅有的两幅风景画作品之一。维米尔比起其他画家的更高明之处在于,他能够在画布上捕捉到日常生活中转瞬即逝的瞬间,以及看似无关紧要的细微之处:军官身子前倾向女孩说着什么,女孩脸上露出了笑容(《军官与欢笑的女孩》,17世纪60年代);在正式的房间远端,和学生一起站在维金纳琴旁的音乐教师(《维金纳琴旁的女士和绅士》,约1662—1664年);一个独自阅信沉思的年轻女人(《在敞开的窗户前阅信的年轻女子》,1657—1659年)。

每幅画都是一个封闭的房间,温和的光线从一侧的窗户中照进来。我们会认为在这里是看不到世界其他地方的。但这些著名室内场景中的诸多细节,从桌面上的摆设到墙上的地图,都标志着维米尔笔下的家庭生活已经融入了荷兰黄金时代的全球化进程,融入了17世纪标志性的全球交流之中。

在《军官与欢笑的女孩》中,军官戴的是一顶宽毡帽,由从北美五大湖地区捕获的海狸皮毛制成,当时欧洲商人——以法国人为首——在那一地区为这种海狸皮生意,不惜身入险境,彼此间展开激烈的争夺。[9]当地的美洲本土居民很乐意捕捉海狸,用海狸皮毛交换欧洲商品,尤其是军火,而这些军火往往也会被欧洲人用来对付他们。当法国人错失了在苏必利尔湖区扩大活动的良机之时,英国人迅速跟进,并建立了哈得孙湾公司以及一系列贸易据点。正是皮毛生意的争夺让荷兰失去了新阿姆斯特丹,并最终在1664年的第二次英荷战争中落败。维米尔画作中的军官戴的一顶帽子,背后写满了英国人、荷兰人、法国人和美洲原住民联盟之间的冲突。

《在敞开的窗户前阅信的年轻女子》的场景是同一个房间,描绘对象也是同一个女人,很可能其原型就是维米尔的妻子卡塔里娜·博尔恩斯(Catharina Bolnes)。[10] 这个同样沉浸于自我世界的居家场景,却也带着17世纪黄金时代的印记。桌面上堆放着一张土耳其毛毯,因为太昂贵而不能放在地上。毯子上摆着中国克拉克瓷碗,里面胡乱放置着水果,这和同年代的许多华丽静物不无相似之处。年轻女子的表情让我们忍不住想象信件来自远方的爱人,可能身处远在亚洲或美洲的荷兰贸易工厂。维米尔在这幅画中,探索的是一段被遥远距离阻隔的恋情中人物的情感。

就像大多数同时代的画家一样,维米尔一直待在欧洲,他的高超技艺在那里虽然受人赏识,却不足以让他摆脱贫困。而他晚年时的一个同时代人,一位与他风格完全不同的画家,则乘坐了荷兰东印度和西印度公司的船只远渡重洋,踏遍异国的土地,虽然她并不是在荷兰出生的。荷兰共和国惊人崛起的原因之一在于它赋予国民的自由,这是一个拒绝向王公贵族俯首称臣，并且蔑视那些卑躬屈膝者的民族。在荷兰，人们有宗教信仰、贸易旅行的自由。1610年，荷兰成了欧洲第一个停止对巫术的迫害的国家。荷兰共和国因此吸引了大量热爱自由的人，以及在其他国家受到迫害的人们——英国新教的旁支，西班牙和葡萄牙的塞法迪犹太人，以及东欧拥有相同信仰的德系犹太人（尽管荷兰犹太人的自由还是受到许多规定的限制）。来自不同背景、信仰和国家的一长串移民名单一定程度上可以解释为什么17世纪是荷兰科学、哲学以及艺术的黄金时代。[11]对妇女来说，欧洲其他地方都对她们断然紧闭的大门，在荷兰共和国也敞开了些许缝隙。那时候的主流观点是，女人就应该待在家里，而荷兰妇女却比她们其他地区的姐妹们拥有更多权利。财产继承权就是其中的关键部分，维米尔的画就很好地展现了男女之间的追求和恋爱已经取代了父辈之间的经济交易，成了潜在结婚伴侣之间充满情感张力的协商形式。

被这种新兴的自由吸引而来的人中，就有日耳曼裔画家与博物学家玛丽亚·西比拉·梅里安（Maria Sibylla Merian），她和她的两个女儿于1691年在阿姆斯特丹定居。梅里安之前曾住在这个国家北部被称为"拉巴第派"的虔诚的乌托邦式教派的一个宗教公社里。当梅里安试图结束她不愉快的婚姻时，得到了公社群体的很大支持，公社同时也支持她的事业——对毛虫和蝴蝶生命周期的研究，这在当时对一个女人来说，是种相

30. 玛丽亚·西比拉·梅里安绘制的卡罗来纳斯芬克斯蛾生命周期与昆虫变态水彩示意图。昆虫的形象被画在了它赖以生存的孔雀花植株附近。

当怪异的消遣。她从自己的父亲马托伊斯·梅里安（Matthäeus Merian）那里继承了这种对昆虫生命的热爱，而对绘画的热情则得自她的继父雅各布·马雷尔（Jacob Marrel）。在她还住在法兰克福的孩提时代，她就学会了水彩画。之所以专门选择这种绘画方式，是因为在当时日耳曼地区的许多城市，女性是不允许卖油画的。

她的志向是创作出同时既是科学著作，又是艺术品的绘画和书籍，而她最大的创举就是将毛虫和蝴蝶画在它们在其生命周期中赖以生存的植物身旁，以表示出自然界中的共生关系。通过实证研究，她是第一个确认昆虫蛹生，而非像先前广泛认为的那样是自然产生的人。

在阿姆斯特丹，玛丽亚·西比拉·梅里安拥有了经营自己的事业、出版书籍、深入研究的自由。她为收藏者和研究者制作绘图，还进入了阿姆斯特丹学术精英的圈子。在这些圈子里，她得以目睹欧洲富裕知识分子家庭特有的珍奇陈列柜里的动物和昆虫标本。这些动物大多是由东印度公司和荷兰西印度公司的船员在殖民地捕获，再运回荷兰的。在阿姆斯特丹住了八年之后，怀着在其原生地研究这些生物的憧憬，梅里安和她的小女儿多罗西娅·玛丽亚（Dorothea Maria）登上了前往南美洲的航船。母女两人前往的是热带加勒比海岸的荷兰殖民地苏里南，两人在科默韦讷河支流旁的农场住下，开始了她们的研究工作。

苏里南的主体由几个归荷兰所有的甘蔗种植园构成。给梅里安母女做帮手的是农场里的非洲奴隶。虽然母女两人在某种程度上也算是那些对当地居民和奴隶犯下罪恶的殖民者的共谋，但在工作过程中她们积极地学习奴隶们使用的克里奥尔语——他们称之为Negerengels，即"黑人英语"，并力求了解他们的习俗传统。在为苏里南的孔雀花（Poinciana pulcherrima）绘制的精美水彩下面，梅里安写下了这样的注解：殖民地的非洲女奴用这种植物实施流产，因为不愿生下注定为奴的孩子，这是她们反抗的方式。[12]很可能是当地的美洲印第安女性将植物药性的知识传授给那些被奴役的女人的。之后，博物学家汉斯·斯隆（Hans Sloane）在牙买加担任医师时，了解到英属殖民地的女性奴隶也出于同样的原因使用这种植物。

回到荷兰后，梅里安就着手将她的研究整理成书：《苏里南昆虫的变态过程》。这本书于1705年出版，并且立即在全欧洲引起了热烈的反响，令梅里安声名大噪。但在19世纪，她的论著却受到了贬低，研究遭到质疑，一个原因就是，她的一些资料是从美洲印第安人和非洲奴隶那里收集而来，这在19世纪被势利地认为是野蛮因而是不可信的。直到现代，她在艺术史和科学史上的地位和声誉才被重新确立。在她的祖国德国，她的头像出现在了邮票上，还被印在面值500的德国马克钞票背面。现在，她的科研成果被翻译成多种语言，成为各种研讨会的主题。她的画作重新成书出版，还被收集并展出。或许最有意义的是，梅里安对昆虫学和科学绘图发展的巨大影响，终于在她身后得到了重新认识和充分肯定。

帝国的行径

1783年7月，出生于日耳曼地区的艺术家约翰·佐法尼（Johan Zoffany）乘坐英国东印度公司的船只，到达了印度的马德拉斯港（现金奈）。直到18世纪70年代的后几年，佐法尼的事业一直如日中天，描绘着乔治王时代的伦敦的富丽繁华，还不时受命到意大利去作画。然而在1777年，他却在乔治三世的妻子——夏洛特王后（Queen Charlotte）那里失宠了。佐法尼在1772年到1777年之间奉王后之命创作了《乌菲齐美术馆收藏室》，然而王后对这幅华丽的画作极为不满。这幅触怒了王后的画描绘了一批英国鉴赏家在大陆旅行（The Grand Tour）中，陶醉于欣赏佛罗伦萨乌菲齐美术馆的意大利文艺复兴艺术品和古董文物。正如艺术史学家乔纳森·琼斯（Jonathan Jones）所注意到的，这幅画泄露了一个事实：18世纪英国人中盛行的"欧洲艺术大游历"既是一种艺术欣赏行为，同时也是一种奢侈享乐的社会行为，堪称乔治王时代富家子弟的"间隔年旅行"。《乌菲齐美术馆收藏室》算是佐法尼创作的最复杂的画作之一，是一件非常成熟老练的风俗画作品，而风俗画也正是他的长项。但因为画面里注视着乌菲齐美术馆里艺术杰作的英国鉴赏家之中，有几位是付了钱给佐法尼，让他把自己的肖像安插进去的，这令王室大为不满。画家与日记作家约瑟夫·法林顿（Joseph Farington）在1804年记录了此事：王后对这种不诚实的行为大为震怒，"绝不会忍受让这幅画出现在她会落脚的任何一个地方"。[1] 尽管佐法尼之前曾经成功地完成过许多皇家委托，但在那之后，他再也得不到这样的机会了。

失宠又失业的佐法尼最终决定前往印度，因为他得知孟加拉的首位总督沃伦·黑斯廷斯（Warren Hastings）不但握有实权，还是个美术作品收藏家。佐法尼想，他或许可以在英国东印度公司所在的印度重获财富与声名。就像当时有人评价的那样，佐法尼的目标是"在金粉里打滚"。[2] 他受印度吸引的原因，也有可能是听说了其他画家，像威廉·霍奇斯（William Hodges）和蒂利·凯特尔（Tilly Kettle），都因为在那块次大陆找到位高权重的资助人，过上了舒适而成功的旅居生活。无论他多么想假装自己还和原来一样志得意满，事实上他新客户的阶层确实下降了一个档次：从昔日的伦敦贵族和欧洲王室，变成了东印度公司的管理者和士兵。能够踏上前往英国全球势力最前沿地带的冒险旅程，描绘新的主题，这种憧憬也是一个决定性因素。不过佐法尼其实终生都在旅行，之前还考虑过在1771年加入库克船长（Captain Cook）

的第二次南太平洋之旅，只是因为他自己当时的财务状况不稳定而错失了那次机会。接下来的六年，他是在印度度过的。

到达马德拉斯之后，佐法尼立刻被加尔各答所吸引，这座城市是东印度公司在孟加拉的业务中心，在1686年作为该公司在这个地区的据点而建立。1696年，东印度公司在胡格利河的河湾处建了一座小工厂。工厂的选址并不好，时刻面临着周期性洪涝的威胁，周边汇入胡格利河的小溪还滋生蚊虫，不过英国人最担心的是瘴气（有毒气体）的威胁，他们当时错误地认为那是疟疾的成因。

英国东印度公司成立的动机和荷兰东印度公司一样。公司由当时年事已高的女王伊丽莎白一世（Queen Elizabeth I）在1600年12月31日建立，全称是"伦敦商人赴东印度群岛公司"，旨在赶超葡萄牙的成就，在亚洲的胡椒和香料贸易中分一杯羹。像荷兰东印度公司一样，它被授予了独家经营权，以促进英国和亚洲之间的贸易发展。英国人面临着来自荷兰、葡萄牙、丹麦、瑞典和法国的竞争，吸引着各国商人蜂拥至印度的，不仅是大量的香料、丝绸、棉花、鸦片和其他商品，还有莫卧儿帝国统治的日渐衰弱。

到1647年，英国东印度公司已经建成了23座贸易工厂，几乎取代了葡萄牙人之前在这里的地位。到17世纪末，该公司就在孟加拉占据了统治地位，而印度的棉花和丝绸贸易也在增加着公司财富的同时，开始改变英国大众的时尚和家庭生活方式。1757年，英国人在普拉西与孟加拉统领及其法国盟友的斗争中取胜之后，东印度公司就在孟加拉完全确立了主导地位。财富从印度经济最活跃的地区源源不断地流入英国，其中很大一部分都通过加尔各答，由"纳博斯"（Nabobs，印度词汇"纳瓦卜"，即"统领地主"Nawab 的英语变体）——这些为公司也为自己攫取了大量财富的成功商人们运送回国。

佐法尼在1783所见证的那个加尔各答，按18世纪的标准来看，是个比较大的城市，人口超过10万。它迅速而无序地生长着。事业有成的英国商人、士兵、会计师和学徒匠人在市郊建起围绕着繁茂花园的别墅。与此同时，另一座城市——加尔各答的大墓园，也在以惊人的速度扩张着。对成百上千长眠于地下的人来说，南公园街的一块墓地是他们在加尔各答能够拥有的所有地产。大多数满怀热望离开乔治王治下英国前往印度的年轻人，都再没能踏上归途。很大一部分人在到达后的两年内就过世了。[3] 像荷兰东印度公司的水手和商人一样，他们要么扛不过热带疾病，要么在好望角一带那五个月的艰险航程中葬身大海。死亡的威胁，加上致富的巨大机遇，营造出一种狂热的新兴城市氛围。从遥远的大陆千里迢迢而来的英国精英和欧洲人，在这里流连于无穷尽的社交应酬、流言蜚语和酩酊大醉之中，与他们身处的乔治王风格宅邸极不协调。这些宅子似乎更适于矗立在伦敦或爱丁堡宽阔

31. 印度画家希瓦·达亚尔·拉尔在1850年左右绘制的"公司画",展示了妇女在市场上贩卖食品的景象。

平直的大道旁。

佐法尼能在加尔各答买到各种无法随身带来的绘画材料。但更重要的是,他能在那里找到支付得起他独家服务费用的富有资助人,包括沃伦·黑斯廷斯。佐法尼感受到的那种英国小团体在印度文化氛围的形成,也与黑斯廷斯不无关系。

在加尔各答,无论是老道的东印度公司雇员还是刚刚从英国到此的青涩作家,都沉醉于自己日益增长的财富和在当地发现的异域文化中,他们探索和接受本地风俗的意愿也很强烈。公司雇员们抽着水管烟,嚼着槟榔,穿着印度服装。欧洲男人和印度女性同居的情况也很普遍,但这种关系只有一小部分以婚姻收场。可能约有半数的英国居住者——包括佐法尼——都有印度情妇,当时被称为"比比斯"(bibis),她们有些还和这些欧洲男人生下了孩子。在1780年到1785年之间,加尔各答的档案记录显示,三分之一的公司雇员都在遗嘱中提及了自己的印度"比比斯"。同一时期,在加尔各答圣约翰教堂受洗的孩子当中,有半数是非婚生的。[4](佐法尼回到英国后,安排了一位朋友照顾他抛下的印度家属。)

而佐法尼也在另一种方式上,在这个词本来的意义上成为一名"东方学者"。在"绅士业余选手"的时代,东方学者指的是致力于印度文化和语言研究的人,被乌尔都诗歌之美吸引并热爱深入探究事物的启蒙主义者,以及研究印度教典籍或优雅的梵文细节的人。正是这些人,在佐法尼到达加尔各答后的第二年,成立了孟加拉亚洲学会,致力于更好地研究印度的历史、语言、信仰和文化。其成员包括语言学先驱威廉·琼斯爵士(Sir William Jones),以及佐法尼和沃伦·黑斯廷斯,黑斯廷斯还担任了协会的名誉会长。这位总督本人研习印度语言文学,也狂热地收藏印度美术和艺术品。他们可不是浅尝辄止的业余爱好者,亚洲学会的成员还翻译了书籍、手稿和法律文件,努力获取能够了解、并最终更好地统治印度和印度人民的知识。但他们和后来研究者们的不同之处在于,他们愿意退而承认,印度文化在某些方面是和欧洲文化平等的，甚至是更优秀的。因此，威廉·琼斯爵士能在 1786 年将梵文形容为"比希腊语更完美，比拉丁文更丰富，比任何语言都更文雅"[5] 的语言。如我们看到的那样，后世来到这里的英国官员都顽固地相信，即使是最高级最复杂的印度文化艺术品，也无法与欧洲文明的成果相提并论。

佐法尼也频繁前往勒克瑙，并在那里建立了一个临时工作室，为当地上层精英圈子的成员和公司的头面人物绘制肖像画。勒克瑙是印度的另一个文化中心。这个莫卧儿王朝的超级大城市当时处于半自治的状态，被卷入了德里日渐衰弱的莫卧儿王朝与正值上升期的孟加拉东印度公司的权力拉锯之中。当时统治印度的莫卧儿王朝是波斯后裔，而构成这座城市人口的，有印度教徒，有逊尼派穆斯林，有英国士兵和官员以及像佐法尼这样来自欧洲其他地区的旅居者。在勒克瑙期间，佐法尼住在克洛德·马丁（Claude Martin）的家里，此人来自法国，受雇于当地统治者，已经在此定居，过上了舒适又典型的东方学者式的生活，他收藏印度手稿，家里有好几位印度妻子。马丁向佐法尼定购画作，佐法尼的另一位住在勒克瑙的富有买家是安托万·波利尔（Antoine Polier），一位来自瑞士的工程师，他和马丁一样热衷于身边的文化，并和他的印度"比比斯"以及孩子们住在一起。

正是在勒克瑙，佐法尼找到了他旅居印度时期最有名的画作的题材，这幅画反映了后莫卧儿时代勒克瑙独特的社会氛围。《莫当特上校的斗鸡大会》现藏于伦敦的泰特英国美术馆，是受沃伦·黑斯廷斯的委托创作的，并有真实事件为依据：1784年4月东印度公司的一位代表约翰·莫当特（John Mordaunt）上校举办的斗鸡大赛。虽然这幅风俗画的出资人黑斯廷斯并没有出现在画面中，但据说他确实来到了比赛现场。画面的正中心，以及赛事的中心，站着两个人：约翰·莫当特——彼得伯勒伯爵（Earl of Peterborough）据说没受过教育的私生子，和阿萨夫–乌德–达乌拉（Asaf-ud-Daulah）——乌德的纳瓦卜。莫当特是阿萨夫–乌德–达乌拉私人卫队的上校，这是英国方面为了感谢这位纳瓦卜平时的合作而为他奉上的特别礼遇，也有人怀疑莫当特上校其实也在为东印度公司充当间谍。他的日常职责，除了保护纳瓦卜之外，还包括为其宫廷组织安排奢华甚至经常喧嚷欢腾的娱乐活动，比如斗鸡——用专门从英国进口的小公鸡和本地的斗鸡较量。画面中，大地主和莫当特站在公鸡后方，朝着对方张开双臂。

阿萨夫–乌德–达乌拉在他受人尊敬的父亲舒亚–乌德–达乌拉（Shuja-ud-Daulah）过世后，于1775年将他的宫廷移到了勒克瑙。他还将很大一部分政治权力转交给了忠诚而周到的臣子哈桑·雷萨·汉（Hasan Reza Khan）以及他的副手哈尔达·贝格·汉（Haldar Beg Khan），这两人也被佐法尼画进画里。[6]之后不久，这位纳瓦卜就和东印度公司签订了条约，割让土地，允许英国人在当地征税并驻军。画面中，右边的英国小公鸡比左边的印度斗鸡更占上风，这暗示着佐法尼心目中东印度公司与大地主之间关系的未来走向。这个已无实权的纳瓦卜——他本人似乎不在乎权力，于是将其欣然移交给了别人——沉沦在奢靡的生活中，并迅速滑向荒淫无度的深渊。沃伦·黑斯廷斯充分抓住了机会，从这个孱弱又对权力不感兴趣的领主手中大肆攫取利益，他把阿萨夫－乌德－达乌拉治下的勒克瑙形容为"罪恶的深渊"和"掠夺的学校"。[7]

虽然阿萨夫－乌德－达乌拉私人生活的奢侈臭名昭著，但他却是一位热情而严肃的建筑艺术资助人，一个诗歌绘画方面的鉴赏天才。虽然放弃了政治权力，并将他一半的收入拱手让与英国，但无比巨富的他还是在勒克瑙建造了多座建筑和神庙，在他治下，莫卧儿时代晚期风格的细密画遍地开花。在王朝首都德里找不到工作的莫卧儿画家，在听闻这位大地主富有而慷慨的传言后纷纷涌向勒克瑙。他对新建筑项目的资助也令这座城市魅力倍增。在勒克瑙，就像在其他莫卧儿时代的城市一样，与文化艺术的繁盛相伴而生的，却是令人不安的局面：当地政权在日渐强大的东印度公司对其主权和独立性的不断破坏下，正一步步走向衰弱。[8]

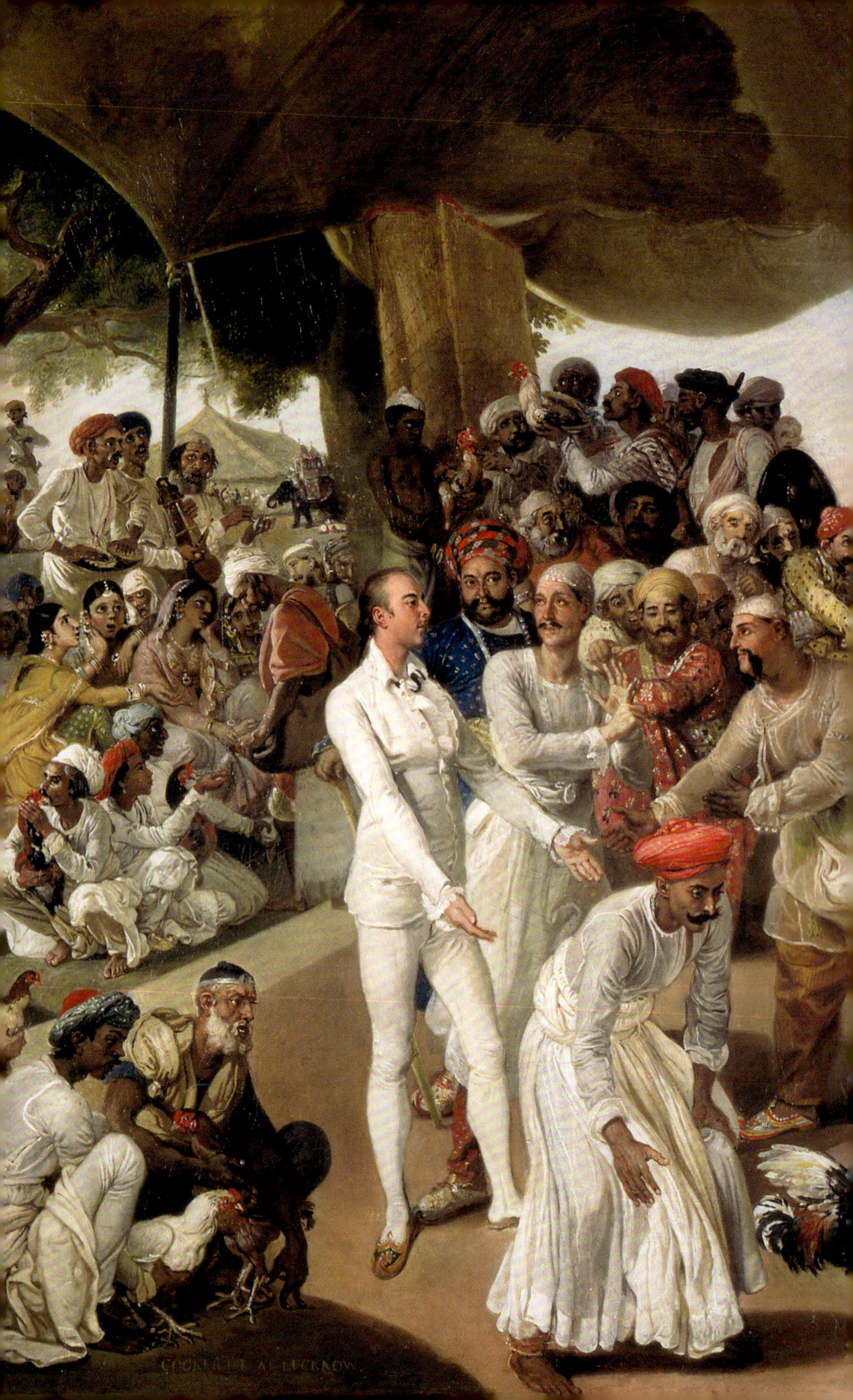

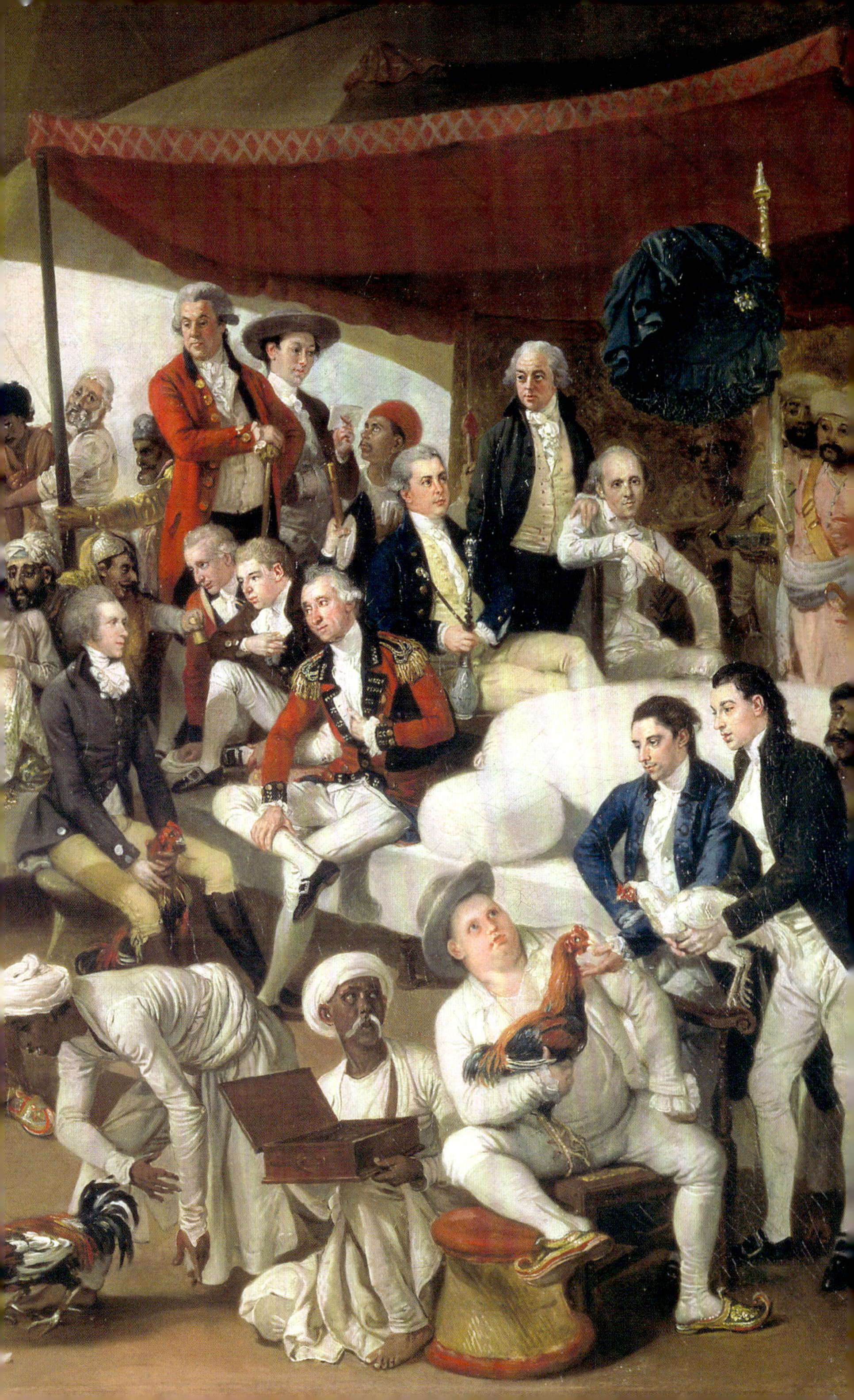

就像《莫当特上校的斗鸡大会》里奢华的细节所显示出的那样，佐法尼也兴奋地沉浸在勒克瑙的氛围之中，不放过任何一个在画作中表现宫廷生活颠覆性细节的机会。传闻中大地主的同性恋倾向，以及关于他阳痿的风传，都直白地在画面中表现了出来，画面还暗示了他的宫廷中有名的赌博和狂欢。不过整个场面最令人印象深刻的，当属那种洋溢在画面中的随意感。在画面的每个角落，印度人和英国人都毫无障碍地交融在一起。

斗鸡在勒克瑙并不是稀奇的事，它只是大地主那一帮人浮华生活的常规点缀，与之相似的活动还有大型宴会、各类残忍见血的比赛、户外狩猎等种类繁多的狂欢。为了捕捉场面的动态，佐法尼又在画面里加入了一些真实存在的人——早在伦敦时期，他可就是因为这种行为在王室那里失宠的。画面中的所有主要人物，无论是印度人还是欧洲人，都是画家认识的：资助人沃伦·黑斯廷斯、两位主角莫当特上校和纳瓦卜。画面中的欧洲人里，有佐法尼的朋友克洛德·马丁、英国画家多齐亚·汉弗莱以及几位有名的东印度公司长官；画面中主要的印度人则有纳瓦卜的首席部长哈桑·雷萨·汉。佐法尼幽默地把自己也画了进去：手持画笔，

---

32. 约翰·佐法尼为1784年乌德纳瓦卜宫廷斗鸡大会创作的名画。这是从东印度公司的视角，对当时的英印关系做出的风趣而富有颠覆性的评论。

33. 可能是莫卧儿时代晚期画家吴拉姆·阿里·汉（Ghulam Ali Khan）的画作，19世纪20年代由英印骑兵部队军官和收藏家詹姆斯·斯金纳（James Skinner）委托创作。

坐在绿色的华盖之下。画面中的女人们并不是宫廷侍女，也不是传说中同性恋且阳痿的纳瓦卜的妻子们，而是欧洲人的印度"比比斯"。欧洲女性在这里明显地缺席了，虽然实际上当时勒克瑙的欧洲人群体中有很多英国妇女。

《莫当特上校的斗鸡大会》可以算是，而且也曾经被解读为一件东方主义作品（从现代，后殖民的意义上来说），画面中印度人的恶习与道德缺失和欧洲人的活力与务实形成鲜明对比，于是成为英国人统治亚洲种族的合理化辩护。它也说明了，在18世纪后期，勒克瑙的印度上流社会确实和欧洲人存在密切的联系与互动。但是，即便确实出现了一些弦外之音，整体上画面却回避了英国人和印度人之间互不信任、种族界限森严的关系，而这种关系在19世纪终于浮出水面。如历史学家玛雅·亚萨诺夫（Maya Jasanoff）和其他学者评论的，这幅画同时也显示出佐法尼受到印度绘画的影响。从画面中扁平化了的透视法,以及丰富的细节之中,人们都可以察觉出莫卧儿细密画的传统。

他之后的一幅画,体现的就不是印度艺术的影响,而是画家本人改不了的恶作剧本性了。这就是为圣约翰教堂而作的祭坛装饰画《最后的晚餐》,这座本地教堂是模仿伦敦的圣马田教堂而建造的。佐法尼在 1787 年完成该画作。加尔各答的英国人群体集资修建了这座教堂,它除了作为礼拜的场所,还有彰显英国人在这个城市里存在的功能。佐法尼的画将会成为教堂的中心装饰画。

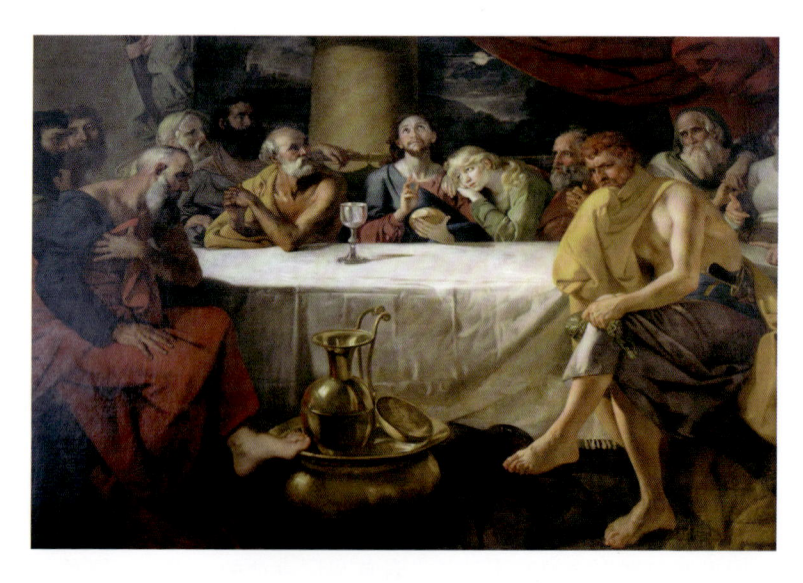

34. 约翰·佐法尼创作的《最后的晚餐》至今仍在加尔各答的圣约翰教堂,依旧挂在它当年被设计放置的原处。画作在 1787 年的揭幕在当时的加尔各答欧洲人之中,引起了一小阵流言蜚语。

佐法尼很清楚，因为东印度公司的雇员都必须前往这座教堂做礼拜，所以他的作品将会收获加尔各答的所有关注。他创作出的作品——从表面上来说——也确实符合教会对他的要求：以娴熟的技巧表现了欧洲艺术中最伟大的主题之一。画作采用常规的构图，门徒们都沿着桌子的一边而坐，这样观赏者们就能看清面对着他们的耶稣。佐法尼还画上了所有惯常出现在这一主题画作中的物品：圣杯、面包和酒。犹大十分贴切地在自责中濒临崩溃，手中紧捏着一袋银币，那是他背叛基督所换得的酬劳。

画作被布置完毕之后，神职人员对佐法尼的创作非常满意。但很快，集会人群里就传出了小声议论。佐法尼未经许可，就把加尔各答几个有名的社会人物的面孔，画到了耶稣和他门徒的脸上，有些在画中认出了自己的人就不太高兴了。关于这件事有着不同的说法，一种风传是犹大的面孔是某位波尔先生（Mr Paull）——一位与佐法尼结仇的东印度公司高层。圣约翰的面孔是布拉凯尔先生（Mr Blaquire），加尔各答的一个文官，他对基督教的仇视路人皆知，同时又有跨性别易装的爱好，佐法尼就把他画得极其女性化。还有一个被激怒的人是加尔各答工程师图洛契先生（Mr Tuloch），据传他还威胁要将佐法尼告上法庭。[9] 曾经让这位画家被迫逃离欧洲的恶作剧秉性，在为加尔各答社会上流人物创作的严肃任务中，再次展露无遗。这位著名的伦敦画家来到他们中间，献出的不是对经典题材的精彩演绎，而是甩在他们脸上的一记耳光。

＊＊＊

1784年，议会通过印度法案（史称"皮特印度法案"），旨在加强政府的海外管控，终结东印度公司的扩张主义倾向。巩固英国在印度的利益和促进贸易成为新的要务。然而，当理查德·韦尔斯利（Richard Wellesley）——未来威灵顿公爵的兄长——在1798年到达印度担任总督时，东印度公司在伦敦利德贺街总部的人们却迎来了一场失望，因为他显然对巩固现状不感兴趣。他追求的是领土，而不是市场，他更渴望荣耀与权力而非盈利。

拿破仑（Napoleon）和法国大革命军队在1798年夏天对埃及的入侵，令伦敦的政客们大为紧张，他们于是暂时接受了韦尔斯利的观点：英国在印度的要务不是巩固现状，也不是和当地的纳瓦卜或王公贵族合作，而是建立帝国。虽然韦尔斯利也明白，法国几乎不可能进犯印度，但这个念头却很能够用来惊吓他的批评者，压制反对他的人。从一开始，韦尔斯利就是个明确而公开的帝国扩张主义者。他决意粉碎法国在这片次大陆的阴谋和影响，任何印度的王公贵族，只要接受了法国的帮助或阻挡了英国的帝国缔造之路，都是他的消灭对象。目中无人的迈索尔统治者蒂普苏丹（Tipu Sultan）就是其中之一。人称"迈索尔之虎"的蒂普顽强抗击英帝国主义，于是成了韦尔斯利的头号目标。战争爆发之后，"迈索尔之虎"于1799年在塞林伽巴丹的一场战役中阵亡。

而这位新总督对于维护秩序，清扫佐法尼曾经熟悉的那种印度排场，也是相当坚决的。酗酒、赌博以及和印度女性的同居行为，都要被韦尔斯利倡导的新风气完全取代：重视军事命令，忠于职守。韦尔斯利反对殖民者和被殖民者之间的一切亲密关系，无论是肉体上的还是柏拉图式的。

与《莫当特上校的斗鸡大会》里乌德纳瓦卜的宫殿一样，工厂是欧洲人在印度活动的中心，是买卖双方会面的场所，人们在这里达成交易，也在这里寻欢作乐。但在韦尔斯利的新规之下，这种活动却不复存在。在接下来的几十年里，在印度的英国人的活动主要在俱乐部里展开，其氛围就与工厂截然不同了。一条新的红线在英国人和印度人之间划定，将东方和西方分隔开来。民族融合被种族层级秩序所取代。东印度公司雇员与印度女性之间的关系也被打压，至少转向了地下或是妓院里。18世纪80年代，大约有50%的欧洲人和印度女性保持关系，但到了19世纪前十年，这个数字就逐渐减少了。1805年到1810年，只有1/4的公司雇员在供养印度情妇，而20年前这个数字是1/3。同样地，教堂的受洗记录也显示，在英国教堂受洗的婴儿，拥有印度母亲的还不到 1/10。[10] 后来的几十年里,"黑鬼（nigger）"这个词开始出现在印度的英国人日记中,一种出自大西洋奴隶买卖,并旨在极力打击废奴运动的病态种族主义的信号,开始扩散到英国人与印度次大陆居民的人际交往中。

肃穆、英国中心主义、过于男性化、略显无趣——这种新文化反映在建筑风格上,也渗透在日常生活与帝国社会的整个结构中。这位总督不仅仅想让英国在印度建立帝国,他更要让这个帝国看起来像个帝国的样子。他于是着手改造加尔各答的建筑外观。这个计划委实算得上"先从自己做起",其中第一步就是重建他本人的官邸。重建的结果便是加尔各答政府大楼,今天被称为"Raj Bhavan"。它旨在成为英国对印度统治的现实象征,而且它的设计

35. 加尔各答政府大楼,由孟加拉总督理查德·韦尔斯利在1803年建造的巨大的新古典主义大楼。当时东印度公司的势力如日中天,英国在印度稳占霸权。

者并不是个建筑师，而是一位工程师，查尔斯·怀亚特（Charles Wyatt）——新古典主义建筑大师詹姆斯·怀亚特（James Wyatt）和塞缪尔·怀亚特（Samuel Wyatt）的侄子。于是这座政府大楼作为曾是古典学者的总督的权力符号，向罗马风格靠拢就是不可避免的了。

这座新府邸的灵感来源是德比郡的凯德尔斯顿庄园，柯曾家族（Curzon family）的祖宅，那是塞缪尔·怀亚特和伟大的建筑师罗伯特·亚当（Robert Adam）共同创作的作品。大量来自凯德尔斯顿庄园的元素被应用在这座胡格利河畔的新建筑之上，包括庄园中蜿蜒的长廊和四座独立副楼的格局设计。如果在英国乡间建一座凯德尔斯顿庄园那样壮观的府邸，这只会显得这个家族受人尊敬、有良好的教养和品味，然而在印度的土地上建出这么一座新古典主义庞然大物，其内涵就得另当别论了。虽然使用的建材也是和泰姬陵一样的焦特布尔大理石，并缀以一些小小的东方元素装饰，但这座矗立着爱奥尼亚和科林斯式希腊柱廊的政府大楼，却意在显示欧洲力量已经完胜当时英国人眼中的东方腐朽与独裁。但除此之外，这座建筑还试图传达一种权威感和永久感。如果说帝国既关乎权力，也关乎戏剧效果的话，那么在印度的英国人无疑建造了一座绝好的舞台。后来一个世纪的到访者无不惊叹于这座建筑的规模和气派，这也正是韦尔斯利的初衷。

但东印度公司的经理们就没那么开心了，因为他们才是为此买单的人。把土地、建筑、通往宅邸的道路和家具的费用一累加，总计达到了 179000 英镑。有人批评韦尔斯利的这项巨大开销时，他就说："我希望印度是在宫殿而非账房里被统治的；它的总督应当是王公贵族，而不是些布匹和燃料贩子。"由于在任职期间使东印度公司负债激增 2/3，而且看起来根本无法控制他对建筑和战争的欲望，韦尔斯利在 1805 年被召回英国。

代替他的仍是他的前任，康沃利斯勋爵（Lord Cornwallis），他再次回到加尔各答走马上任。虽然不那么高调，但康沃利斯的思维同样闭塞，他于是开始完成韦尔斯利未竟的事业，将佐法尼曾经见证过的印度大都市里的所有残余一扫而光。东方学开始走向了没落。印度被统治，被贬损，它的文化只有当这样做有助于帝国统治的任务时才会被了解。康沃利斯认为，在印度的英国人应当维持英国的礼仪习俗，沃伦·黑斯廷斯和威廉·琼斯爵士主张的东方学备受否认与攻击。后来的几十年里，致力于这种研究的组织或是被断绝了资金来源，或是被边缘化了。年轻的公司报文撰写者们需要学习印度语言，但只会学到足以用来协助有效统治的程度。康沃利斯以及在 1834 年被任命为印度最高委员的托马斯·巴宾顿·麦考莱（Thomas Babington Macaulay）之流，都坚定地相信，同时也让他们的政治领袖们相信，英国从梵文和波斯语内容中学不到任何东西。"谁都不会否认，一个好的欧洲图书馆里的一个书架，就抵得上印度和阿拉伯全部的本土文学",这是麦考莱在承认自己对这些语言全都一无所知时,扬扬得意的说辞。[11]

于是,古老的印度文明——如果他们能算得上真正意义上的文明的话——就没什么可以教给英国人的了。政府大楼的新古典主义门柱就是这种日益强硬的观念的外化:后来被称为西方文明的东西,某种程度上就是一条线索清晰的单向进化的产物,可以寻根追溯到罗马和希腊。在这样的世界观之下,只要是不处于这一线性体系之中的文明,无论其法律和风俗多么复杂,其艺术多么精致映丽,都不能算是真正的文明。这种世界观认为,西方文明发轫于希腊,在罗马获得了独特的声音和力量,被早期教会移植到了基督教传统之内,再在文艺复兴中繁盛发展,继而迎来启蒙运动。19世纪早期的英国及其帝国据说就是这种文化宝藏的继承者。在印度,像麦考莱这样热爱古希腊罗马文化的读者,都坚信英国发现的是一系列与西方文明相对的"渐渐退化"的亚洲文明。1897年,同样的"退化论"也在人们尝试解释西非的野蛮人何以能制造出精美绝伦的贝宁铜器时,被非洲研究的"专家"们所援引。

将西方文明视为独特卓异的信念,既解释又辩护了英国在印度和其他地区的扩张,为帝国专制的新形式提供了道德基础和自我合理化论证。帝国的使命也是一项"文明教化的使命",以此引导未开化的民族最终能够自我管理,在西方文明给予的知识和文化恩典的武装下继续前进。新古典主义的建筑固化着——无论是真实的还是想象的——19世纪欧洲和古典文明之间的关联，在这项进程中起着重要的象征作用。在印度的案例中，那种在亚洲曾经昙花一现的"合作时代"，便被牢牢压在了政府大楼的地基之下。

2

进步的狂热

法老的诱惑

就在理查德·韦尔斯利赴加尔各答任职孟加拉总督两天之后，有一支法国侵略舰队从土伦出发，进入地中海。[1]与从其他港口出发的战舰集结到一起之后，这支大型舰队便拥有了335艘船只，成了几个世纪以来在地中海出现的最大规模的舰队。在马耳他登陆后，法国人立刻击败并废止了自16世纪早期就开始统治这个岛屿的圣约翰骑士团（Order of Saint John）。侵略者继而又从马耳他向南，前往古老的埃及亚历山大里亚。颇费了一番工夫下船登陆后，2.5万人的部队终于整合完毕，并迅速拿下了亚历山大里亚。这支法国部队随即又穿越沙漠，开始了前往开罗的艰难跋涉。7月21日，他们到达尼罗河西岸的恩巴贝村，离金字塔9英里之遥，也就是在那里，虽然已经精疲力竭，他们还是打下了历史上最具决定性的战役之一。

这个法国步兵团——以正方形的阵型迎敌——面对的是统治着埃及的军事团体马穆鲁克（Mameluke）传奇的骑兵团。就在这千钧一发的时刻，几千个马穆鲁克骑兵朝着装备了火枪和刺刀的步兵方阵直冲过来。马穆鲁克骑兵团以如雷之势，横扫过一片苜蓿地，以一位历史学家称为"最后一次中世纪骑兵大冲锋"的气势，向侵略者开枪。[2] 就在他们距步兵方阵几步之遥时，法国人开火了。两个小时之后，马穆鲁克骑兵团——曾经在 13 世纪打败蒙古人，使欧洲免受围困的那支部队——便全军覆没了。潮水般的骑兵面对短程步枪的连射齐发，迅速溃不成军。马穆鲁克骑兵团死伤可达 6000 人。法国伤亡 29 人。法国人在这场大捷之后，便由一位

36. 对于法国人来说，对埃及的进犯不仅仅是殖民扩张，更是获得一片古老的国度，这片土地在现代欧洲人眼里，正是"文明"本身发源之处。

29 岁的将军率领着,向开罗长驱而去。

  法国思想家和作家们对埃及已经朝思暮想了一个多世纪,拿破仑·波拿巴(Napoleon Bonaparte)只是这一潮流中较为晚近的一个加入者。17 世纪 70 年代的哲学家戈特弗里德·威廉·莱布尼茨(Gottfried Wilhelm Leibniz)就曾经劝诱国王路易十四(Louis XIV)进攻埃及,还呈上一份极为细致的侵略殖民计划。18 世纪的书报中,也有大量思想家和旅行家围绕征服埃及可能带来的巨大财富展开争辩。[3] 启蒙时期的哲学家孟德斯鸠(Montesquieu)、杜尔哥(Turgot)和伏尔泰(Voltaire)也都参与到了这一对话之中。

  对欧洲人来说,埃及是一块既熟悉又陌生的土地,一个存在于《圣经》中的国度,据说也是文明本身的发源地,这个文明的"金块"之后又被传到希腊、罗马,最终由基督教欧洲继承。[4] 尽管如此,即使在这个文明的演进故事中扮演着重要角色,这块古老的土地仍然深深地抗拒欧洲启蒙运动好奇的目光。虽然金字塔在欧洲众所周知,但关于这个法老王国的其他信息,却失落在传说之中,深埋在流沙之下。埃及的过去有如此之多的荣耀等待发掘——无论是比喻意义上还是实际上的。法老墓穴尚未挖掘,象形文字仍待破解——而这些对一个探究的时代来说,几乎就是赤裸裸的羞辱。1787 年,哲学家康斯坦丁·德沃尔内(Constantin de Volney)出版了他的旅行见闻《1783 年、1784 年、1795 年以来的叙利亚与埃及游记》，书中直接提出了任何军事入侵都势必面临的风险和危险，但同时也为读者描绘了一幅极具诱惑力的画面：一旦征服成功，文化与经济方面都将得到十分丰厚的回报。

理论上讲，埃及在18世纪90年代还是正在渐渐腐化衰落的奥斯曼帝国的一个行省。但实际上它却是在马穆鲁克的统治之下的。马穆鲁克骑士团是带有切尔克斯和格鲁吉亚血统的军事统治集团，通过购买年轻的男性奴隶，将其改造成军事力量并纳入自己的阶层（这个体系让欧洲观察者们感到既困惑又恐惧）巩固其统治。马穆鲁克骑士团的各个派别长期争权夺势。对诸如沃尔内（Volney）和索尼尼·德曼侬古尔（Sonnini de Manoncourt）（出版于1799年的《上埃及与下埃及地区游记》的作者）这样的法国学者来说，埃及是一片不堪重负的土地，正经受着被启蒙时期思想家称为"东方专制"的压迫。因此，将这片土地从马穆鲁克的专制下解放出来，破除暴政所造成的迷信倒退，时机已经成熟。他们的说法是，马穆鲁克统治导致政治、艺术和科学的僵化，只有欧洲入侵埃及，并让现代埃及接受科学和理性主义的洗礼，才能带它走出局促的困境。在沃尔内等人看来，法国对埃及的征服堪称一种出于仁爱的解放行为。

拿破仑在埃及的一个元帅路易-亚历山大·贝尔蒂埃（Louis-Alexandre Berthier），将侵犯的目的形容为"让埃及从马穆鲁克的专政中解脱出来"。[5] 在拿破仑进攻的那一年，奉命评估法国在非洲开拓新殖民地可行性的法国立法者约瑟夫·埃沙塞里奥（Joseph Eschassériaux），将埃及形容为一片"半开化"的土地。他认为，由从大革命中浴火重生的理性主义法国来征服埃及是顺理成章的。他曾问道："对于一个为欧洲带来自由、还解放了美洲的国家来说"，还有"什么样的事业"，会胜过"全方位地重建一个曾经哺育了文明的诞生的国度，将产业、科学和艺术带回其古老的家园，

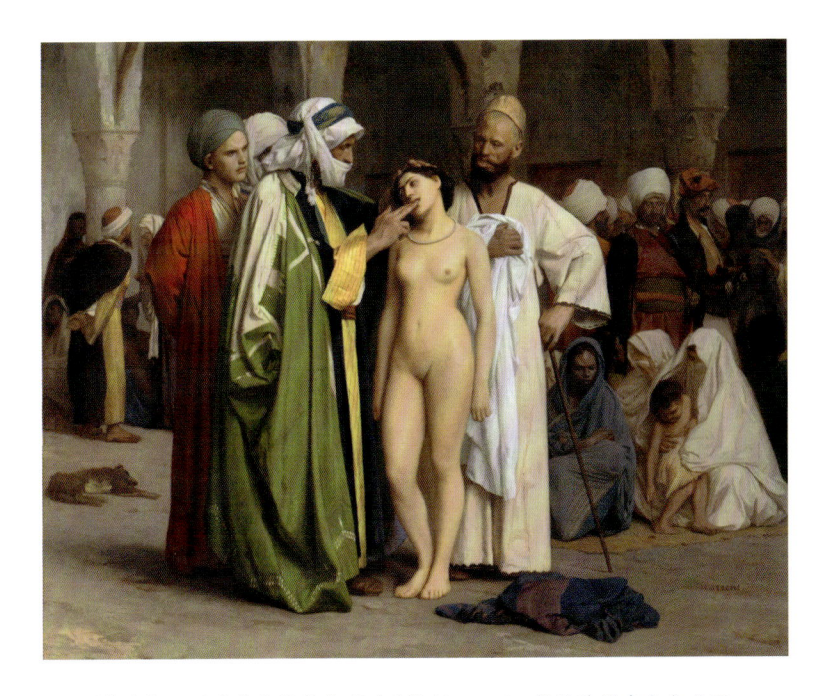

37. 买卖女奴，以及苏丹神秘的"后宫"（harem），都是欧洲东方主义画家热衷的创作题材。让－莱昂·热罗姆（Jean-Léon Gérôme）在这幅画里想象了一个并未确切指明的伊斯兰教城市里奴隶市场的景象。

并为一个新的底比斯或另一个孟斐斯建立可以使其在未来几个世纪里蓬勃发展的基础呢?"[6] 就像所有殖民征服一样,这个决定的背后当然也有着没那么理想化的现实考量。埃及作为一块殖民地的前景是颇为诱人的,这块领土既可以为法国提供新资源与新市场,也可以作为震慑英国在印度利益的桥头堡。无论从理智、情感、地理还是地缘策略上来说,征服的理由都相当充足了。

尽管拿破仑对东方有几分兴趣,并且极其崇拜亚历山大大帝(Alexander the Great),但他一开始其实并没有对埃及动心。[7] 他关注的是其他获得荣耀和晋升的机会,而且他对当时统治着大革命时期法国的督政府也长期怀有不满。将启蒙思想转化为国家政策的政治力量,主要是外交部部长夏尔·莫里斯·德塔列朗(Charles Maurice de Talleyrand)。只有在督政府决定将德塔列朗进攻埃及的提案付诸行动之后,拿破仑才能成为那个风云人物。一旦拿破仑将自己非凡的头脑和巨大的野心专注到了埃及上,他就立即着手利用启蒙理想主义造势,让远征获得更广泛的群众支持,并掩盖督政府这个决定背后地缘政治的冷酷算计。于是,在法国人民心中,拿破仑的进犯被包装成一项使命,不只是简单地去征服埃及,而是要照着革命时期法国的形象将其再造。

为启动这项庞大的工程,同时也为了说服三百万埃及人相信这场彻底的重建是必要且有益的，拿破仑的队伍不仅仅由士兵构成，他还征集了科学家、作家、艺术家和哲学家。这些人组成了历史学家称为"文化军团"的团体：167个来自新学术不同领域的专家，全都致力于记录、了解并挖掘这片土地被埋在黄沙之下的废墟和遗迹，并决心改造现代埃及。这些启蒙之子中，有伟大的数学家让－巴蒂斯特·约瑟夫·傅立叶（Jean-Baptiste Joseph Fourier）和克洛德－路易·贝托莱（Claude-Louis Berthollet），有热气球的发明者与探险家尼古拉－雅克·孔特（Nicolas-Jacques Conte），著名雕刻家维旺·德农（Vivant Denon），队伍中还有著名的画法几何创立人加斯帕尔·蒙日（Gaspard Monge）、著名地质学家德奥达·德多洛米厄（Deodat de Dolomieu）——多洛米蒂山脉就是以他命名的。很有预兆性的是，马蒂厄·德莱塞普（Mathieu de Lesseps）也加入了军团，他的儿子费迪南·德莱塞普（Ferdinand de Lesseps）正是后来新苏伊士运河的修建者。虽然拿破仑的脾气有恼人和残暴无情的一面——很多特质是在埃及征战中才第一次显露出来的——但他一直很擅长发现和提拔青年人才，经他劝说前往埃及的许多人，后来都为法国做出了杰出贡献。

　　除了研究埃及——无论是古代的还是现代的——这些专家的另一项任务，就是在埃及人民中传播启蒙运动的思想和科学成果。他们要让埃及人民成为埃及征服的受益者：从马穆鲁克的统治下解放出来（人民对马穆鲁克确有真切而正当的积怨），得到新科学的指引,并重拾他们失落的遥远过去的荣光。尽管他们此行很大程度上是在服务于煽动家的目的,但他们也确实怀有真正的使命感以及一种真实存在的,尽管是越俎代庖的理性主义。然而拿破仑虽然对艺术家和知识分子说得冠冕堂皇,但对他的部队,他说的却不是知识和进步,而是掠夺。

8月,进驻开罗后的几个星期内,拿破仑就建立了埃及学院,它分成四个系:数学、政治经济学、物理学和艺术。对古埃及遗址的地质考察是从对金字塔与其他考古遗址的研究开始的。维旺·德农被派去绘制古代神庙和纪念碑,并记录埃及古建筑与神秘的象形文字。拿破仑本人也与埃及学院的成员一起拜访了法老修建的古苏伊士运河。与他们更为理想主义的构想相一致的是,学院让埃及人民得以随意进出被征用的昔日马穆鲁克豪宅——它被用作学院的办公场所和不断扩大的图书馆。文化军团还兴建了医院,建立了一套检疫制度。他们还着手为开罗修建了新的灌溉系统,寻求道路照明系统的引进方案。他们让埃及拥有了史上第一台印刷机,两份报纸开始发行。

1798年,启蒙运动的理论在尼罗河畔付诸实行了。埃及在某种程度上被变成一个围绕着理性和科学原则组织起来的世俗国家。然而这个民族本身是一个复杂的社会,有深厚的宗教根基,并且相当保守,这是一个法国人难以理解的社会。虽然拿破仑可能知道干涉本地伊斯兰教习俗的危险性,他还是以其标志性的傲慢和居高临下的专断作风提出并启动了世俗化改革。他向埃及人宣告，法国是伊斯兰教的护卫者，然而这份宣言里的阿拉伯语错误百出，语言组织混乱，根本无法让当地神职人员相信法国人对他们的信仰有任何真诚的尊重。

拿破仑和他手下的哲学家、科学家们进一步决定，要树立起法律面前人人平等的原则，并改进全国赖以生存的农田和灌溉系统。虽然这些轰轰烈烈的举措确实可能提高了一些埃及人的生活质量，但一切却都是在外来者的强制下发生的，这些外来者几乎完全不了解这个他们侵略的国家，还专断自负地以高级文明自居。法国军队的行为和收税的粗暴方式，进一步加剧了埃及人的对立情绪。所以埃及人和神职人员都拒绝接受欧洲文明，也不认为它更高一等，就毫不令人感到意外了。法国人本可以充分利用埃及人对马穆鲁克长久的积怨，而现在，这种积怨被搁置一旁，因为法国的占领引发了他们更深的怨恨，法国于是受到了更强烈的反抗。

伊斯坦布尔的奥斯曼苏丹，当时埃及名义上的最高统治者，发出诏书向法国人宣战。1798年10月，就在拿破仑到达开罗仅仅半年之后，几乎是灾难性的暴乱爆发了。法国卫戍部队遭到袭击，一位被误认为波拿巴的将军被暴徒处以私刑。两天的暴乱中，共有300个法国人遇害。为恢复秩序，拿破仑下令炮击城市中暴乱最严重的几个区域。10倍数量的埃及人因此丧生。

文 明 Ⅱ

38.《埃及见闻》旨在成为一本百科全书,将关于当代伊斯兰埃及以及古代法老土地上所有的知识集于一书。图中描绘的是"工艺与贸易"这一章节中的织坊。

虽然拿破仑及其人马遭遇的抵抗越来越强烈,他们还是没有停止试图在心理上征服埃及人的努力。11月,尼古拉-雅克·孔特启动了一项当时最壮观的奇迹:热气球。此前15年,蒙戈尔菲耶兄弟(Montgolfier brothers)才发明出升空气球,并乘着它飞越了巴黎上空,于是拿破仑就坚定地认为应该将一枚热气球带到埃及去。暴乱发生时,搭载它的法国军舰正停靠在埃及的一个港口,因此这枚气球连同船上大部分设施一起被损毁了,然而与此同时,一枚新的气球正在制造中。法国人似乎决心要让开罗人民惊艳一番,于是夸大了气球的性能,对那些愿意听他们宣讲的埃及人说这气球是天空之船，能载人飞越国度和海洋。当这个漆着红白蓝法国三色的庞然大物升上埃兹贝基亚广场上空，一时间整个开罗的人都震惊了。正如拿破仑和其他专家们设想的，这是启蒙知识和欧洲科学绝好的展示机会。但是，眼看气球越升越高，它却在空中起火了——然后就坠到了地上。一个埃及目击者由此得出结论，说这气球并不是天空之船，而只是"跟我们的小孩在婚礼或者过节时放的风筝似的"。[8]

　　法国人在赴埃及前构想的美好愿景一项都没有实现，虽然这

39.《埃及观察》最为人所知的，是大量极其精细的——有些可能还被美化了——尼罗河谷地神庙的绘图。

40. 艺术塑造的传奇故事，帮助拿破仑建立起对他的个人崇拜。画中这位未来的皇帝，正摆出中世纪国君一般的姿势，用手触碰病人。

次远征和之后苏伊士运河的修建确有直接联系。但拿破仑的侵略对法国、埃及和更广阔的伊斯兰世界来说，确实是有着长远效应的。雕刻家维旺·德农在埃及绘制了上埃及地区和尼罗河谷地遗址的素描。他在1802年出版了《随波拿巴将军出征期间上埃及与下埃及地区游记》，书中含有古埃及建筑的摹图，以及法老墓葬和神殿上设计图案的雕版画。这本书成为所谓"埃及狂热症"的一个诱因，先是在19世纪早期的法国发起，之后扩散到其他国家，特别是美国。

法国政府在 1809 年到 1820 年之间，出版了 24 卷的《埃及观察》。这是一个典型的启蒙主义项目，整理、分类并记录了古代与现代埃及的建筑、古代纪念物、自然历史和文化。这部巨大的《埃及观察》在欧洲引发了强烈反响。埃及元素成为法国装饰与建筑中所谓"帝国风格"的特征之一。它也继续将拿破仑的侵略美化为文化传播，而对其中涉及的暴力、欺凌与抵抗却轻描淡写。《埃及见闻》的热度继而固化了西方人脑海中埃及作为"待征服之地"的观念，正如颇有影响力的理论家爱德华·萨义德（Edward Said）所描述的那样，它是"欧洲的附属品"。[9]

拿破仑的进攻也带来了新的东方主义艺术形式。东方主题和题材早在 1798 年之前就已经在欧洲绘画中出现过了，正如启蒙运动之前，也有人发表过东方国度的游记。譬如，奥斯曼帝国和中东的人物曾经出现在让蒂勒·贝利尼（Gentile Bellini）的画作中，他曾于 1479 年到 1481 年之间生活在伊斯坦布尔。[10]但拿破仑的侵略和《埃及观察》的出版，却大大激发了人们对埃及以及更广泛的伊斯兰世界的兴趣。

然而，许多艺术家却刻意将拿破仑及其军队的形象做了浪漫化的呈现。新古典主义大师雅克－路易·大卫（Jacques-Louis David）的学生安托万－让·格罗（Antoine-Jean Gros）描绘的埃及征战中最重要的一场战役，就把这种洗白做到了近乎荒唐的地步。格罗最重要的作品是 1804 年的《雅法城的黑疫病人》,刻画了五年前在拿破仑的埃及远征末期发生的事件,此事到 19 世纪早期时已经被大肆宣扬,并被塑造成了传奇。[11] 这幅由拿破仑出资、德农监制的画作,描绘的是这位未来的皇帝伸手触碰恶疾缠身的病患身上的溃烂处,而他身边的军官和军医都在用手帕捂住口鼻,对这种令人生畏的疾病避之不及。

法国在 1830 年进攻并征服了阿尔及利亚后,人们对东方题材的兴趣又进一步高涨了。1834 年,画家尤金·德拉克洛瓦(Eugène Delacroix)揭幕了他的画作《闺房内的阿尔及利亚女性》,这幅作品创作于他随法国外交代表团走访摩洛哥和阿尔及利亚之后。他之前根据东方主义想象绘制的《亚述帝国的最后一个君王》,大大满足了欧洲人对"东方专制主义"的成见。但《闺房内的阿尔及利亚女性》则大不相同,它描绘的是当时伊斯兰社会的日常生活场景,而不是历史题材。创作灵感据说来自德拉克洛瓦可能拜访过的一个阿拉伯家庭,他被准入那家的闺房——穆斯林家中专门供女性活动的房间——于是画下了那些女性的速写。(但是一个陌生男性获准单独会见穆斯林女性是极不寻常的,所以有可能德拉克洛瓦遇见的这三位女性实际上是犹太人。)能够确定的是,德拉克洛瓦先为他的见闻打下线稿,回到巴黎后再借助穿着类似服装的模特来完成画作,并在画面中加入了一位黑人奴仆。尽管如此,德拉克洛瓦还是用细腻的色彩与明暗唤起了一种温馨的家庭氛围,激发了其他画家继续创作欧洲人想象中"遥远异国"的场景。但

41. 虽然尤金·德拉克洛瓦的其他东方主义画作水平有限,但《闺房内的阿尔及利亚女性》的灵感确是来自画家本人在北非的旅行。

是德拉克洛瓦在北非旅行时的见闻,以及法国在该地区的势力扩张,都使他相信当地文化岌岌可危,因此像他这样的画家必须及时将其记录下来。虽然画作将这三位女性置于一种欧洲人浪漫化想象的场景之中,但《闺房内的阿尔及利亚女性》达到的现实主义高度仍然是不同寻常的。

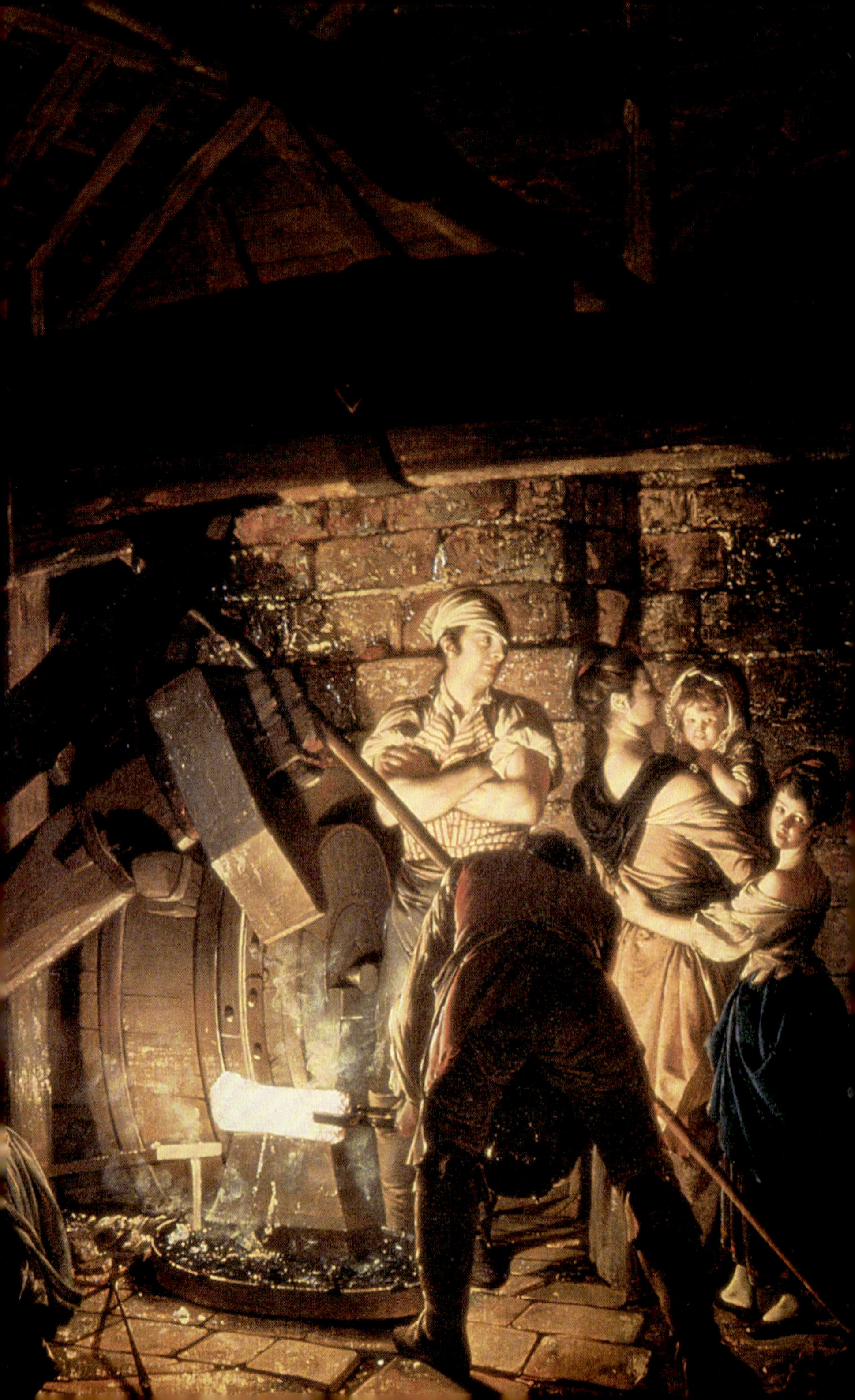

英格兰中部的革命

　　法国历史学家经常将爆发了法国大革命的 1789 年，以及恐怖统治开始的 1793 年，称作启蒙运动的终结。曾涌现出伏尔泰、狄德罗（Diderot）、洛克（Locke）、牛顿（Newton）和卢梭（Rousseau）等思想大家的知识革命，据说开启于 1637 年，那一年，勒内·笛卡尔发表了他的《谈谈方法》（之后就在荷兰共和国愉快地享受各种自由了）。如果笛卡尔是启蒙运动的助产士，那么该运动的掘墓者则是他的法国同胞马克西米利安·罗伯斯庇尔（Maximilien Robespierre）和拿破仑·波拿巴。启蒙运动在苏格兰和英格兰发展的声势，完全不亚于法国和荷兰，但在 18 世纪下半叶发生在英国的革命，却与巴黎街头爆发的革命大不相同。

---

42. 约瑟夫·莱特（Joseph Wright）"德比郡夜晚"系列作品中的《铁匠铺》，将一位铁匠铺老板塑造成强健的英雄，家中妻儿的庇护者，体现了维多利亚时代勤劳踏实的美德。

直到 18 世纪中叶，欧洲人大多仍然在乡间从事农业。当然城镇和城市的数量也不少，但大多数人口并不住在那里。在英国，大约 77% 的人口居住在乡间；法国则有 90% 左右。[1] 荷兰共和国又是个特例了，然而即便是荷兰的黄金时代末期，也只有 39% 的人口生活在城市中。[2]

虽然在大发现时代，全球航海贸易已经兴起，并在 17 世纪与 18 世纪荷兰和英国东印度公司商人的活动中不断扩展，但即便是最发达的欧洲社会，也仍然要依赖当年的农业收成。环视整个欧洲，拥有土地仍然是社会地位的最终指标，由地产中获得的财富比贸易收益更受尊重。诚然，在美洲奴隶贩卖与甘蔗产业或是印度棉花丝绸贸易中积累了大量财富的人，都是新兴全球化经济中的先锋探索者，但当他们返回国内，只要支付得起，就还是把钱花在购置田产和修建豪宅上。通过修建新古典主义风格的建筑，或是精心谋划着与贵族后裔攀上亲事，"新钱"就被洗成了"老钱"。

两场革命——一场渐进，而另一场则来得更迅速——扰乱了古已有之的社会经济模式。其中第一场革命就发生在农业本身，其实这场革命的种子早在几世纪之前就已经萌芽了。随着农民们对轮种技巧的掌握，农业产量得到了缓慢的提升。之后，小农场开始合并成更大更高效的庄园。家畜的选择性繁殖、新式农具以及更完善的交通和基建，都让农民的生产力得以进一步提升。

而第二场更著名的变革，就是工业革命。它大约在 18 世纪 50 年代发生在英国,虽然直到19世纪40年代,人们才开始将其称为一场革命,而其时这场革命都已经发生过半了。为什么偏偏是在英国,在18世纪中叶呢?英国和它的竞争对手相比,拥有几项明显的优势。英国有着丰富的煤炭和铁矿石矿藏。英格兰和苏格兰都建立起了对私有财产给予特权和保护的法律体系。英国的海岸线上,港口星罗棋布,可航行的河道交错贯通。到18世纪中期,本地生产商就已经可以享受战时贸易保护关税了。不过,许多经济学家认为,最能解释英国工业兴起的,是英国资本主义的发展。无论工业化到来的原因到底是什么,这场革命中最能给数百万人的日常生活带来翻天覆地变化的一个方面,就是产生在工厂中的那些颠覆性的新科技。

"工厂"这个词,最初是用来形容由类似荷兰东印度公司或英国东印度公司之类的股份公司建立在非洲或亚洲的那些有驻军把守的贸易站。到18世纪下半叶,这个词语开始摆脱先前的含义,演化为它的现代意义。第一家工厂是在何时何地建成的,目前还没有定论,不过有强烈的迹象表明,位于德比郡乡间的克兰福德工厂,就是第一座现代工厂。它由企业家理查德·阿克赖特(Richard Arkwright)建于18世纪70年代,是围绕着他的伟大发明"水力纺纱机"(water frame)而建的,这是一种利用河流驱动纺纱机,继而生产出棉线和纱线的装置。一个水轮就能为整个河岸上的所有机器供能。这也就意味着先前由计件工人小组在家里进行的工作,现在可以在工厂里以极高的效率、生产力和利润率所代替。克兰福德工厂有着许多现代工厂的特征,包括它很大程度上是由机器的运行程式来决定工人的工作节奏,这使它成为第一个以可识别的"工厂系统"运作的组织。阿克赖特工厂中的工人——其中还包括一些童工——都是从方圆几英里内被他吸引过来的。这些人的祖辈都是依照季节决定生活方式的农业工人,阿克赖特的工厂系统则要求他们按班次工作。工厂的时钟成为数百万人生活的主要特征,作为纪年与计时革命影响的一部

43. 理查德·阿克赖特请他的朋友德比郡的约瑟夫·莱特绘制的克兰福德工厂(Cramford Mills)。克兰福德工厂是世界上第一个形态成熟的工厂,而阿克赖特也是工业革命的伟大先锋人物之一。

分，它也由此渗透进了生活与商业的方方面面。

　　阿克赖特无比自豪于他的工厂，便请了朋友把它画下来。在《理查德·阿克赖特工厂，马特洛克附近的克兰福德景象》（1783年）中，德比郡画家约瑟夫·莱特（Joseph Wright）将工厂背景安排在了一片乡间风景之中。画中唯一的人物形象是山路上一个驾着马车的人。至于身后工厂里的那些机器的轰鸣、不眠不休的动力，在画面上没有流露出一点迹象。这种画是工业风景画中的一个类型——将工厂和机器融入乡间地貌或朦胧的晨曦中，仿佛这些都是往昔农业社会中人们习以为常的特征，而非预兆着一个深深威胁现有秩序的新时代。

　　如果德比郡的莱特觉得自己需要淡化处理克兰福德工厂对周围乡村的影响的话，很可能是因为他意识到工业生产对乡村风景的冲击，在当时已经引发了越来越多的异议。此类反对意见很大程度上来源于当时正在形成中的"如画美"（the picturesque）观念，该观念最初于18世纪80年代被提出，并在之后的几十年里日渐盛行起来。1794年，在《论"如画美"：与崇高和优美相对照》中，著名的地主和随笔作家尤维达尔·普里斯（Uvedale Price）认为，克兰福德和马特洛克一带的工厂是对自然美景的入侵："当我想到诸如马特洛克的溪流这样的地方惊人的自然之美，再想想矗立在美丽的溪流之上进行棉花大生产的七层高楼，我就不由得想，说到对如此优雅景致的破坏，没有什么比得上它了。"[3]

德比郡的约瑟夫·莱特见证了英格兰中部工业的兴起。他来往的圈子里不只有商人和实业家,也有科学家和思想家——那些致力于理性探究和实证实验的启蒙运动者。让莱特备感兴趣的不只是产业界的新奇发明和活力,更在于在它背后运作的科学知识。就是在试图描绘启蒙科学之戏剧冲击力的过程中,莱特创作出了他最伟大的作品。

在《空气泵里的鸟的实验》(1768 年)里,一位旅行科学演示者(这类人在当时被称作"自然哲学家")把一只白色的凤头鹦鹉放进透明玻璃器皿中,然后开始抽出其中的空气。困在真空中氧气不足的鸟

44. 德比郡的约瑟夫·莱特最著名的画作中,一位旅行科学家正向一个富裕家庭戏剧性地展示自然的力量和新科学,所有家庭成员都被深深吸引。

儿濒临窒息。他的观众们——为这场展示提供场地的富裕中产家庭里的各个成员——感到既新奇又害怕。他们的面孔被一支蜡烛照亮。

在18世纪60年代,空气泵并不是什么新技术,但向公众做真空演示实验的声誉并不好,因为过于戏剧性,也过于残酷。莱特颇具氛围感的画作同时抓住了这两个特点。当凤头鹦鹉在玻璃盅底部即将窒息而死时,那位身穿深红色长袍,紧盯着观众的科学家手一直放在器皿顶端的阀门上,随时都能拯救这只可怜的鸟儿。画作严格遵守了当时主导的性别性格差异理论:莱特让男性观众以热切却超脱的好奇观赏着这个备受争议的实验,而两位女性观众,站在男主人旁边的女儿和主妇,则表现出了难以抑制的女性情感,她们为鹦鹉的遭遇而感到的悲伤——这只鹦鹉很可能就是这个家庭的宠物——溢于言表。

莱特在《空气泵里的鸟的实验》与《哲学家正在做关于太阳系的讲演》中展示了新科学是如何在日益壮大的中产阶级家庭里传播开来的。"新知识"不仅仅能造成喜剧效果,更近乎成了一种宗教,并且对生活本身有着现实影响力。但是,在《空气泵里的鸟的实验》中,莱特极好地抓住了这样一种氛围:与那些阴暗邪恶的工厂里的工业化大机器一样,新科学同样也被认为是扰乱自然秩序的负面力量。莱特画作中阴森而紧张的氛围,表现出人们对这个进程日益增强的失控和无序感,与新时代的奇迹相伴而来的,往往是旧时代纯真的某种失落。

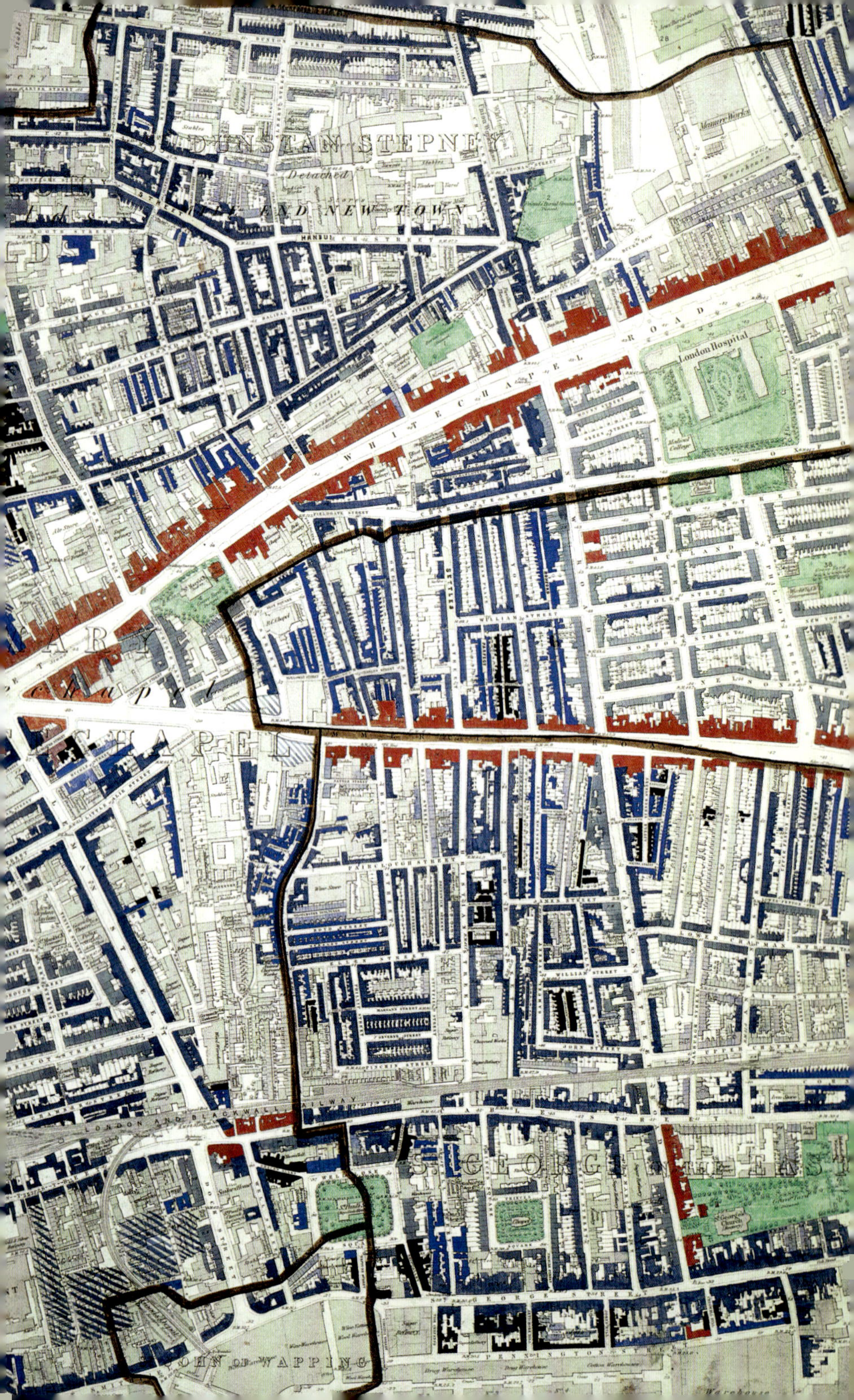

DUNSTAN STEPNEY
Detached
MILE END NEW TOWN
WHITECHAPEL ROAD
London Hospital
Medical College
CHAPEL
LONDON AND BLACKWALL RAILWAY
WILLIAM STREET
GEORGE STREET
PENNINGTON STREET

城市与贫民窟

1898年,自然选择理论的提出人之一艾尔弗雷德·拉塞尔·华莱士(Alfred Russel Wallace)出版了一本已经被大多数人遗忘的书:《绝妙的世纪:它的成功与失败》。正如标题所言,在这个"绝妙"的19世纪,不列颠及其统治的巨大帝国中发生了许多进步。然而在最后一章,华莱士谴责了一系列道德和政治上的失败,因为在他眼中,这些都玷污了那个辉煌的时代。他列举的失败其中几项就是:军国主义的兴起、维多利亚时代晚期让英治印度生灵涂炭的饥荒、整个被殖民世界"几乎不加掩饰的奴隶制",还有一项就是英国工业城市中穷人的

---

45. 查尔斯·布思(Charles Booth)在他革命性的地图中,用颜色编码来表示维多利亚晚期伦敦各条街道的富裕或贫困程度。由迅速的城市化和工业化带来的社会危机,向艺术提出了重大的挑战。

生活条件。[1]

  让华莱士无比震惊的贫民窟,是从18世纪开始的城市无规划快速发展的结果。18和19世纪,英国工业城市的扩张速度之快,令人既为之惊叹又感到恐慌。工厂主从大生产中获得的高额利润,让他们能够支付比农业生产所得更高的工资,因而吸引了大量农村人口涌入城镇和城市。同时发生的农业革命的一大特征——圈地运动,又为乡村向城市的移民进一步提供了动力。虽然像克兰福德工厂这样的早期工厂曾经更愿意在乡间有急流的地方选址,以为水轮机提供动力,但之后工厂的机械化程度进一步升高,动力来源转向以煤炭为主,意味着工业化最终与城市化合而为一了。19世纪中期,英国成了世界上第一个城市人口数量超过乡村人口的国家。

  工业时代城市化的一个典型就是曼彻斯特。在18世纪初,它还只是一个约1万人口的集镇。到了1851年,人口则增加到了40万。像曼彻斯特这样的工业城市,是之前从未存在过的。它成了全球瞩目的焦点,一个红砖砌成的大都市,一个既是奇迹又是社会灾难的存在。虽然工业界的工资比农场里高,但收入的增加并不意味着新城市里生活水平的提高。拜访维多利亚时代英国的外国游客都着实为穷人的生活惨状感到震惊。霍乱和伤寒等疫情时不时地侵袭着城中贫民窟,夺取成千上万人的生命。卡尔·马克思(Karl Marx)和弗里德里希·恩格斯（Friedrich Engels）选择英国来归纳他们关于工业资本主义时代的理论绝非偶然。政治家、改革家、慈善家和哲学家都在努力寻求降低城市工业化人道成本的良方，然而他们面对的却是来自既得利益群体和吝啬的当地权力机构的巨大阻力。

那么，艺术家们又是怎样理解 19 世纪中叶的曼彻斯特，以及它兴起背后的那些力量的呢？艺术家在这样一个前无古人、后无来者的社会里，又起着怎样的作用？一开始，他们对此感到迷茫而无所适从。他们在描绘工厂里露骨的现实，或是工业城市里的社会惨剧时，总是小心翼翼。然而，有一位画家，却毅然深入到英国的新工业区——J. M. W. 透纳（J. M. W. Turner）踏上了前往英格兰北方与中部地区的旅途，意在描摹当时主要生产中心的样貌。1830 年 8 月，他来到了达德利，位于"黑郡"中心位置的一个工业城镇——"黑郡"因大量的工厂烟囱排出的浓烟乌云，以及煤矿熔炉周围遍地的煤渣而得名。工程师詹姆斯·内史密斯（James Nasmyth）形容这个地区"把地球翻了个底朝天，地球的内脏被四下抛掷……整个区域被日夜不休的炼钢炉和轧机散发出的热火浓烟照亮。"[2] 10 年之后，当查尔斯·狄更斯（Charles Dickens）写作《老古玩店》时，这种情形依旧如此。他是这样描写黑郡的："高耸的烟囱，密集丛生，无休止地相似，都无尽地乏味而丑陋，它们喷吐灾难之烟，遮蔽了光线，污秽了田园的空气。"[3]

透纳描绘的工业城达德利,尽管笔触颇为抒情写意,但依旧算得上是对狄更斯和内史密斯所见证的那种情况的忠实记录。他用笔触精细的水彩强调出黄昏时分自然光线的效果。在为达德利老城设置布景的过程中,他将城中的教堂和11世纪诺曼城堡的废墟安排在山坡上,被阴郁的、半明半暗的背景所吞没。工业在整个场景中占绝对主导地位。炼钢炉里明亮的火焰向外照射。乌黑的烟云直窜向正在暗下去的天空。搭载着工业原料的小船闪现出模糊的轮廓,带着反光融入周遭。约翰·罗斯金(John Ruskin)一度是透纳这幅画的拥有者,他认为它预言了"英格兰的未来":工业化的兴起不可避免地导致旧世界的失落,在透纳的画作中,旧世界是用城堡和教堂的废墟来代表的。罗斯金预言,这个新时代注定要使"贵族与僧侣走向末路"。[4]

着迷于描绘工业、炼钢炉、蒸汽驱动的机车和拖船,让透纳在他的同时代画家中脱颖而出。而这一时期更典型的画家当属威廉·怀尔德(William Wyld),他在透纳的黑郡之旅20年后创作了一幅清淡而苍白的曼彻斯特风景画。维多利亚女王在1851年访问过英国西北部后,委托怀尔德创作了《从科萨原野看曼彻斯特》,并将其收入皇家藏品。

怀尔德将这个容纳着40万人的大城市完全放在了地平线上。画面的前景是一片宜人的乡间景致:山羊在高高的草丛中吃草,

进步的狂热

46. J. M. W. 透纳在描绘英格兰中部的达德利时，将工业生产的火光作为画面的主导元素。在这趟英国新兴工业中心城市之旅中，透纳在1830年的夏秋季节走访了达德利。

一对悠闲的夫妇正牵着狗，欣赏着美景。远处成排的巨大烟囱戳入长空，浓烟四起，依稀可见19世纪中叶曼彻斯特的屋顶和教堂尖塔。然而，那些让女王感到震惊的生存状况，这个大工业城市里的污浊和活力，全都消失在了工厂烟尘反射出的夕阳光芒之中。（就像之后的几代画家将会发现的那样，工业污染少有的几个补偿性优点之一，就是它会制造出一种壮观的落日景象。）在《从科萨原野看曼彻斯特》中，我们更能看到的与其说是这座当时世界上最重要的工业城市，还不如说是威廉·怀尔德受风景画大家克劳德·洛兰（Claude Lorrain）风格的影响。画面中的曼彻斯特城被推入远景，成千上万个生活在潮湿地下室里的家庭、工厂和机器无休止的噪音、污浊的气味、肮脏的阴沟、受污染的河流以及其间残酷无情的苦难，全都从画面上隐形了。

英国的小说家们，则对工人阶级个体的悲剧，以及正在毁掉他们生活的残酷折磨，做出了更多的展示。作家们比画家更愿意深入那些维多利亚时代城市中上阶级选择无视的阶层，而财富与贫困就像查尔斯·布思后来绘制的地图展示的那样总是紧密相邻，不过几条街之隔。父亲因为债务被投进臭名昭著的马歇尔希监狱（Marshalsea Prison）后，年仅12岁的狄更斯就不得不去工厂上班。作家终生无法释怀这段经历带来的心灵创伤。身为一名作家，狄更斯持续地描写城市穷人或至少是他认为"值得救助的穷人"的悲惨境遇。不过，可能是那一代的女性作家，更为详尽而感人地揭露出了产业工人的困境，让中产阶级读者们得以直面工业化和维多利亚时代冒进狂热背后的社会代价。

在《玛丽·巴顿：曼彻斯特生活故事》（1848年）中，伊丽莎白·盖斯凯尔（Elizabeth Gaskell）以小说的形式描述了19世纪40年代曼彻斯特贫民窟生活，恰恰与弗里德里希·恩格斯对同一街区的新闻报道《英国工人阶级状况》（1845年）互相印

47. 威廉·怀尔德在《从科萨原野看曼彻斯特》中把这座蓬勃发展的工业大都市放在了远景之中。烟囱丛林里冒出的浓烟映着落日的余晖，制造出一种浪漫的氛围。但这幅画却完全没有涉及这座城市里 40 万人的生活。

证。[5] 在最有感染力的一个段落中，盖斯凯尔笔下的角色约翰·巴顿（John Barton）和乔治·威尔逊（George Wilson）冒险进入了曼彻斯特中心贝瑞街的出租屋和地下室深处。[6]

  道路都是没铺好的，走着走着，路就通往阴沟里去了，满街都是坑洞，里面时常积着一汪汪的水。爱丁堡旧日常常

文 明 Ⅱ

听闻的"小心水"的警告,在这条街上就再必要不过了。他们经过时,女人们正从门里把混杂了各种物质的生活垃圾倒进沟里,他们于是又踩进了另一个满溢的死水洼。遍地灰土成堆,稍微注意一点自己仪表的过路人,都得一直小心着不踏上去。我们的朋友并不算什么讲究人,但即使他们也在小心看路,直到终于踏上台阶,沿着它走到一块小小的区域,在那里,即使站着,头也比街道平面低一英尺,而且不消移动身体,就能碰到地下室的窗户和对面潮湿的泥墙。从这个肮脏的角落向下走一个台阶,就是一家子生活的地下室。里面一片漆黑。窗玻璃几乎都破了,用碎布胡乱塞在窗框里,这就足以解释为什么即使是白天正午,里面的光线也浑浊昏暗……扑面而来的污秽气味几乎放倒了这两个大男人。他们缓过来之后,就像习惯了这里的一切的人们那样,继续深入到这片浓重的黑暗之中。只见三四个孩子在潮湿甚至是淌水的砖地上翻滚,街道上不停渗出污浊的死水。黑黑的壁炉空荡荡的。妻子坐在丈夫常待的角落里,在湿冷的孤独中啜泣。[7]

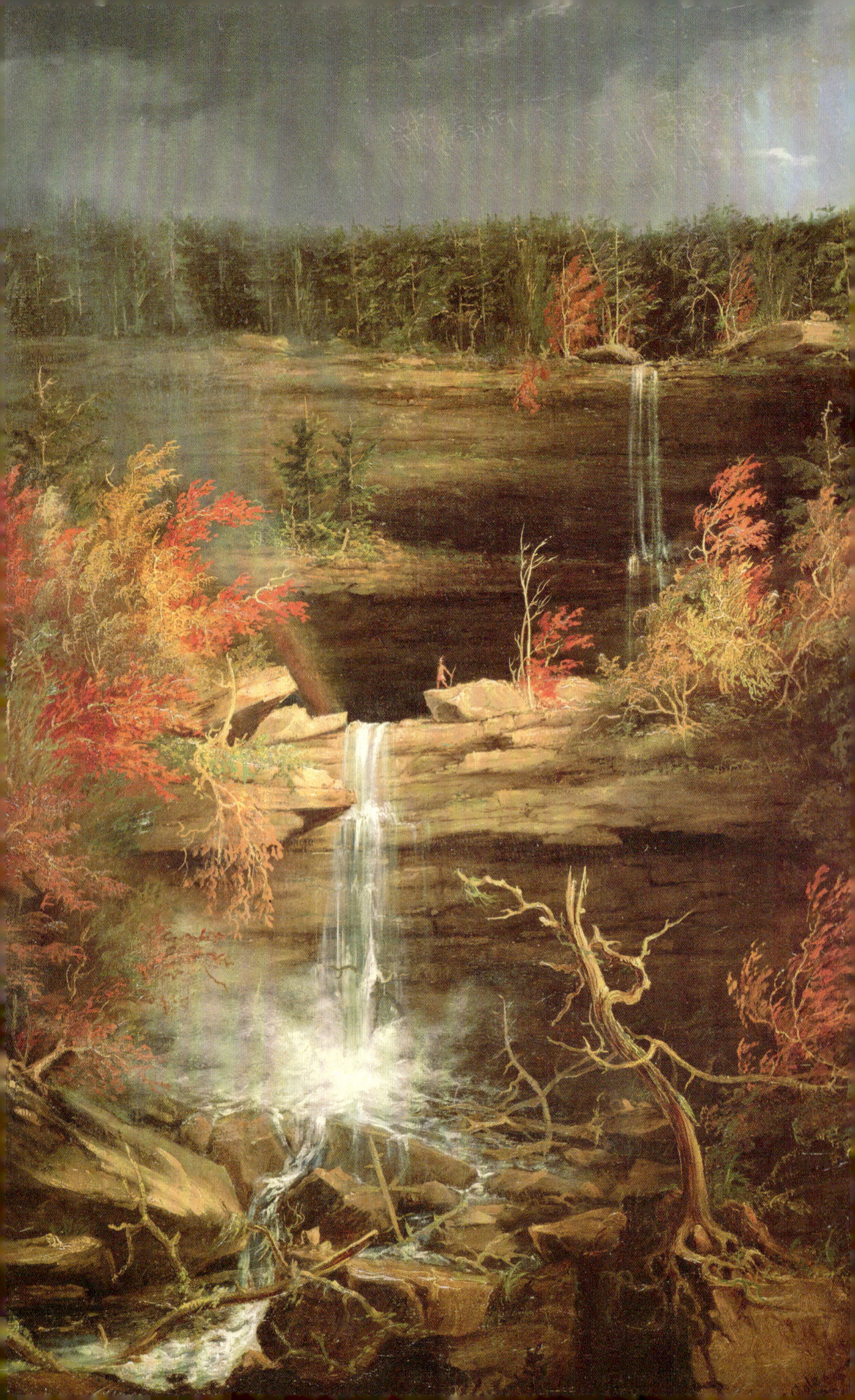

美国原野

18世纪最后的几个年头，工厂也进驻了美国。工业的兴起，连同人口的快速增长和大量移民的到来，让美国的社会状况成了英国工业城市的翻版。纽约"下五点"地下室里的生活，和伦敦糟糕的"七晷区"地下室一样逼仄绝望。但在美国，远离东岸喧嚣繁华城市的地方，却存在一片无边无垠的巨大内陆原野，蕴含着无限可能性。在一些人看来，这笔巨大的财富以及单是面积上就无比广阔的土地，都是神属意他们的证明。美国的自然原始、纯洁而完美，于是占有这份巨额奖赏的梦想很快就实现了。1803年，托马斯·杰斐逊（Thomas Jefferson）以区区1500万美元向法国政府购买了路易斯安那的土地。而在19世纪30年代时，

---

48. 托马斯·科尔（Thomas Cole）于1826年绘制的秋天的卡茨基尔瀑布。瀑布上方的一角矗立着一座美国原住民的雕像。科尔认为，原住民和美国原野一样，都面临着逼近的现代化和冒进狂热的威胁。

文 明 Ⅱ

第一批移民已经开始沿着俄勒冈小道向西拓进。到40年代，美国人向西扩张的进程获得了一个名字："昭昭天命"。这个词汇的创造者，专栏作家和编辑约翰·L.奥沙利文（John L. O'Sullivan）认为，美国的使命在于"在这块神赐的大陆上开枝散叶，以每年上百万的速度增加人口数目"。对奥沙利文和数百万美国人来说，这项使命上有着神意和理性的双重认可，自然是无可置疑的。

19世纪的美国是一个踌躇满志、雄心勃勃的国度，但在高雅文化领域，美国人还是不免受制于"低人一等"的自卑情结。在艺术上，年轻的美国依然要臣服于古老的欧洲。然而，一种美国的国民风格在美国独立和1812年战争之后浮现了出来。这或许不可避免的是，最开始主流的体裁一度是历史画，但到了19世纪30年代，当这个国家已经走出了最初成长的阵痛，新一代美国画家便开始寻找国民艺术的新题材和新形式。他们最终选定的题材，不是伟人的丰功伟绩，而是在卡茨基尔山区和纽约州哈得孙河沿岸的空旷静谧之中。他们致力探索的地貌，是一种迥异于欧洲已有绘画的景致，一种几乎在要求被绘制出来的景致，好让它被发现的好消息进一步扩散开来。

在这新一代画家的笔下，风景画这种之前在各绘画题材中一直饱受冷落的门类的地位被提升到罕见的高度。人们珍视它、颂扬它，赋予它特别的力量，以使其在一个新国家神话的缔造中起到根本性的作用。在这种全新的"美国艺术"中，自然历史扮演了历史本身的角色。峡谷、高山和瀑布代替了旧大陆的古典时代废墟——后者可是欧洲风景画艺术家的最爱。于是，通过自然风光以及对自然的再现，美国为其形成中的自我身份认同找到了新的线索，也为"美国例外主义"奠定了基础。这些画家被称为哈得孙河派，因为他们就是沿着这条水路，一路寻找风景，逃离都市生活和都市主题的。哈得孙河派画家跨越了两代人，其中既有男性也有女性画家，而流派的开创者，则成了美国最伟大的风景画家。他就是托马斯·科尔（Thomas Cole）。[1]

生于英国的科尔来自兰开夏郡的博尔顿——工业革命发展得最激烈也最残酷的地区之一。他的家人在1818年搬到费城。与德比郡的怀特一样，年轻的科尔也目睹了工业如何摧毁他身边的自然风景。这些景象让他对未经驯化的自然不仅产生出一种深深的敬意，更深谙其固有的脆弱性。在他的第二家乡，科尔在职业道路上开始了漫长、艰巨而不同寻常的探索。1825年移居纽约之后，他取得了第一次成功，获得了富有的乔治·W. 布鲁恩（George W. Bruen）的欣赏和资助。利用早期卖画获得的资金，科尔得以踏上前往卡茨基尔山的旅行。在这次探索中绘制的画作随后被卖给了颇具影响力的纽约"老钱"阶层人士，这些人与科尔的想法和作品都产生了深深的共鸣。也正是这批画作，让科尔结交了画家阿舍·杜兰德（Asher Durand），杜兰德之后也加入了哈得孙河派画家的行列。

科尔绘制了许多幅以卡茨基尔山为题材的作品，从1824年开始，他每年都回到相同的地方描绘相同的主题。这片区域早先就已向从纽约上来的游客开放，但却是科尔的风景画，尤其是他表现壮观宏大的卡茨基尔大瀑布的画作，将这个地区变成了美国第一个自然旅游景点。在国家公园、黄石和大峡谷涌现出来之前，是卡茨基尔山让美国人和自然亲密接触。无法成行的人们——通过艺术的力量——同样能够为自己的国家拥有如此独一无二的天赐自然美景而兴奋不已。

1829年，科尔回到英国研习透纳的作品，甚至还曾在透纳的伦敦画廊与这位伟大画家见过面。接着，科尔又继续向内陆前进，照例参观了一大圈美术馆，观赏了昔日的大家之作，并创作了几百张速写。回到美国之后，他才变成了美国风景画真诚而热忱的拥护者，用画作和文笔驳斥着当时广为流传的成见：认为美国的自然缺乏真正的美，没有那种因其与"过去"的关联而产生的厚重感——这里"过去"的意思是：欧洲人所见证过并承认的过去。美国的景致被认为是白纸一张，没有留下任何历史的印记。美国原住民以及他们和这片土地古老的联系，都被全然无视了。支持着科尔大部分作品的思想——从未驯化的风景中获得崇高而不由自主的兴奋感——是引进自欧洲的。在19世纪，通过对风景画艺术和自然的欣赏来锻造浪漫的文化国家主义理想的国家，绝不只有美国一个。大西洋两岸的画家作品里，都在自然风景之中加上了一种将观者与上帝联结的精神本质。无论是哈得孙河谷、英国湖区还是德国黑森林，人们都认为国家的内在精神就位于这些自然风光之中。

然而在美国，虽然面积巨大，这些原野仍然面临着威胁。激增的人口与社会的发展让数百万人踏上了西部拓荒之路，土地被改造为耕种和畜牧之用。托马斯·科尔的画作在画布上保存了一部分美国从前的风景，而许多人认为它们应当在现实中也被保护起来。在一个无休止前进的国度里，科尔的声音是十分重要的。他和同时代其他画家的画作为美国精神提供了一种必要的平衡。

画家，以及诗人和小说家，为近期才失去的事物发出了一种怀旧的呼唤，并对他们意识到的威胁发出警示。科尔本人是个最根本意义上的保护主义者，对美国冒进的扩张持怀疑态度，他坚信一个社会如果失去了和自然的联系，它同时也就失去了和上帝以及美德的联系。科尔激起了一场关于进步的代价和美国原野的价值的辩论，而这场辩论贯穿在拉尔夫·沃尔多·爱默生（Ralph Waldo Emerson）、戴维·梭罗（David Thoreau）、约翰·缪尔（John Muir）等人的论著中，一直延续到雷切尔·卡森（Rachel Carson）1962年出版的《寂静的春天》以及现代环

文 明 II

保意识的产生。

科尔是哈得孙河派的领头人,但其他画家,诸如阿舍·杜兰

---

49. 美国哈得孙河画派的另一位关键性人物弗雷德里克·埃德温·丘奇在超大画布上绘制高度浪漫主义风格的风景画。像托马斯·科尔一样,他认为美国的自然风景是一项神迹,是美国卓异性的证据。

进步的狂热

德和弗里德里克·埃德温·丘奇（Frederic Edwin Church），也分享了他对自然的崇敬。1857年，丘奇描绘了另一幅美国的国家级奇观《尼加拉瓜瀑布》。巨大的画作立即赢得了国内外的赞誉。画作广受欢迎，当它在一个纽约的画廊展出时，居然还得收取每人25美分的门票。两周之内，十万人付费欣赏这幅被称作"大西洋这一边所创作出来的史上最美油画"的作品。[2] 还有一些观众举着

望远镜看这幅画,就像是亲临瀑布当地,而不是在观赏画布上的复制品。丘奇的这幅杰作横渡大西洋,在伦敦以及 1867 年的巴黎世博会展出之后,又在美国做了巡回展览。

帝国的进程

令托马斯·科尔在同时代人,以及其他哈得孙河画派成员中脱颖而出的,是他的创作题材并不局限于风景画。19世纪30年代早期,他开始构思一组由五幅寓言画构成的宏大的系列画作,他在其中将历史画与风景画融为了一体。以这种方式创作出的作品《帝国的进程》不仅是一则寓言,更是在用油画形式做出一种预示性的警告。

就像其他重要的艺术作品一样,《帝国的进程》也是对它所处的时代——被称为杰克逊时代——的一种评论。19世纪30年代,任何一个受过教育的美国人都会感觉到自己身边历史的进程、变化发生的速度和发明创新的速度都在激增。国家正在向西扩张,人口规模已经追得上英国。单单是美国潜在的体量就足以令人激动不已,但人们也意识到了进步的负面成本。这片国土上,对科尔和他之后的数百万人来说无比神圣的原野,正在面临消失的威胁。同样受到威胁的,还有美国初始的建国理念:这本应是一个

50.《帝国的进程》之《原始的国度》。

农夫的联邦国家，平民的田园国度，没有君王的暴政或国家机器过于专横的束缚。就在这个关键的抉择性时刻，在安德鲁·杰克逊（Andrew Jackson）备受争议的总统任期中，科尔创作出了《帝国的进程》，他用画作提醒着美国人一个简单的事实——帝国会崛起，当然也会衰落。影响这个系列画作的，是当时颇受欢迎的一种思潮：人类社会是在往复循环中前进的，文明的进程中也包含几个自然的阶段。

虽然传达出的信息攸关国族命运，但《帝国的进程》其实是科尔受他在纽约的资助人卢曼·里德（Luman Reed）的私人画廊所委托创作的订制画，里德是一位富商，也是一位狂热的收藏家。系列中的五幅画，各自呈现了一天之中从清晨到黄昏的不同时刻。每幅画的地点都是相同的：一个天然的海港，从远处可以望见海面。时光流逝，海港周围朦胧的山峦从未改变，而峰峦之下，人类世界却发生着沧海桑田的戏剧性变化。

系列画的起始篇章被科尔命名为《原始的国度》。那是地球原始时期的一个拂晓。猎人在一片未经驯化的葱郁茂林之中追逐一头公鹿。清晨的第一缕光线照亮了整个画面，远处依稀可见扎着兽皮帐篷的定居点。科尔称这幅画表现的是"社

51.《帝国的进程》之《田园牧歌的国度》。

会最初的雏形"。[1]

系列画的第二幅描绘的场景，在某种意义上可以算是托马斯·科尔心目中的理想社会。《田园牧歌的国度》里，带着牲畜长途跋涉的时代早已远去，在这个富饶的伊甸园里，农业已经出现：农夫耕种着他的土地，牧羊人照料着他的羊群。由于有了充足的食物，生活也变得"可控而温和"，上层阶级不需要在土地上劳作，他们发现了艺术：音乐、舞蹈和诗歌。远处，在他们的祖先曾经搭建简易帐篷的地方附近，现在建起了一座巨石砌成的神庙，这个世外桃源的人们在其中敬拜他们的神明。科尔认为，在文明

52.《帝国的进程》之《帝国的全盛时期》。

53.《帝国的进程》之《毁灭》。

的这个田园阶段，人类和自然是和谐共处的。不过，水边进行的活动象征着变化即将发生。一艘大船正在制作中，显示着这个社会的人们将要踏上冒险的征途，一个帝国行将形成。

第三幅画无论在形式顺序还是在叙事上都是这组系列画的中心，应该挂在中心位置。《帝国的全盛时期》比其他几幅都大，场景设置在正午。曾经人口寥寥的海湾，现在列满了白色大理石的古典建筑——巨大的神庙和铺张豪华的宫殿。所有平台和公共场所都挤满了人，河流载着一艘艘前去发起贸易和战争的船只奔流而去。这个场景里，自然消失了：所有树木都被砍伐至尽。科

54.《帝国的进程》之《废墟》。

尔在这里描绘了一个富足强盛的文明,他称之为"人类荣耀的顶峰"。虽然民主看起来获得了发展,但却没有开出共和价值之花。民主被奢侈和暴政玷污,因为权力和财富导致腐败和道德败坏。在《帝国的全盛时期》正中间,站着一位帝王,画面中,他在一排马和象组成的纵队前面走向他伟大的城池,成千上万的人涌上街头庆祝他们领袖的荣耀与文明的强盛:整个场景洋溢着一派志得意满的骄横气息。

第四幅画《毁灭》描绘了这个城市在不知名的敌人手上遭遇的灭顶之灾。海湾之上,昔日帝王得意进驻时走过的桥梁已被摧毁，烈火从神庙和宫殿中喷涌而出，神像被推倒。奢侈和腐朽让这个科尔想象中的帝国变得虚弱不堪，根本无法抵挡强壮有力、久经考验的侵略者。

最后一幅画《废墟》，描绘的是一片忧伤的黄昏景象。几个世纪已经过去了。月光下的海湾空无一人。大自然重新统治了这片土地，大理石柱上缠绕着浓密的藤蔓，树苗推开一地大理石瓦砾破土而出，在一个"再净化"的过程中，自然重新夺回了一度属于它们的领土。

那些乐观而不那么有洞察力的观看者，会把《帝国的进程》解读为预示着古老的欧洲君主暴政行将覆灭的寓言，认为美国的民主方兴未艾，不可阻挡。[2]而其他人则从中看到了它的实质：这是在评论杰克逊时代的美国社会。很多人都对科尔的悲观感到不安。而科尔本人则写下了他对美国"道德原则"沦丧的失望。[3]《帝国的进程》让他得以为其第二故乡的国民敲响警钟：提醒他们这个共和国建立之初的基本信念，便是抵制强大的中央集权，以及重申了对奢侈浪费的一贯怀疑。科尔认为，19世纪30年代的美国，已经偏离了这些基本原则。通过这组精心编排的寓言画，他警示美国人，"美国的卓异性"固然得天独厚，却没有强大到能让美国脱离历史往复的规律，或免于那种他认为驱使社会变迁的力量。[4]科尔在《帝国的进程》的报纸广告中强调其创作思想时，引用了拜伦（Byron）创作于1812年的长诗《恰尔德·哈罗尔德游

文 明 Ⅱ

记》第四章中的诗句:

先是自由,而后荣耀——而当这些都失落后,
则是财富,罪恶和腐败。

盗取身份

　　哈得孙河流派画家的风景画中常常隐藏着一些小小的人形，那就是"正在消失的印第安人"。美国原住民和他们所流浪于其上的土地一样，在"昭昭天命"的信奉者们看来，都是要随着进步的浪潮而被抹去的。托马斯·科尔、弗雷德里克·埃德温·丘奇和阿舍·杜兰德画布上流淌的那份悲壮之感，都来自一种预见性的信念：他们所描绘的这些自然景观，终将毁于一旦。这种命运同样会发生在美国原住民身上，因此描绘他们的艺术作品也往往弥漫着一种心酸之感。

　　19世纪的美国政治家会谈论"印第安问题"，小说家和诗人都会想象美国原住民族——奥奈达人、万帕诺亚格人和莫西干人——最终遭遇灭绝的命运。1826年，托马斯·科尔根据詹姆斯·费尼莫尔·库珀（James Fenimore Cooper）小说中一个著名的选段创作了充满惋惜之情的《〈最后的莫西干人〉风景》。对于美国原住民的命运，美国人怀着无比复杂和矛盾的态度。启蒙思想中"高贵野蛮人"的观念——质朴地生活在自然中的那些骄傲而纯粹的民族——和种族意识的兴起,以及认为有色人种更低等的观念发生了冲突。但与此同时他们也对任何人——即使是这片土地最初的拥有者——阻挠推进,减缓"昭昭天命"实现的进程,怀有一种几乎算得上宗教式的坚决拒斥。最终,一部分自然风光被保存了下来,修建成国家公园,而一度辉煌骄傲的美国原住民族所剩无几的子民,则被围进了"印第安保留地"。

1830年,美国总统杰克逊签订了《印第安人迁移法案》,目的是要把白人定居者们需要的土地上的原住民,都驱赶到密西西比河之东。他们必须搬迁到河流以东的联邦土地上去。凡是抗拒或不愿签订这种单方面条约的原住民,都被强行驱赶或杀害了。后来发生在彻罗基人身上的灾难被称为"血泪之路"(the Trail of Tears)。那些接受了这种迁徙命运,在严酷的迁徙条件下得以生还的人们,即使走到了新的保留地,一旦这片新领地又被白人定居者们看上了,则又必须继续踏上迁徙之途。[1]到19世纪末期,美国原住民人口已经从数百万降至仅有25万人。

在其他艺术家都仅仅从白人的视角来刻画这场种族清洗运动时,德裔画家阿尔贝特·比兹塔特(Albert Bierstadt)却用大量的画作描绘着美国原住民聚集地。在他1867年的作品《移民穿越平原》中,带篷马车朝着落日奔驰而去,扬尘中躺着白化的牛骨。几乎消失在沙尘之中的,是一顶顶美国原住民的帐篷。马车无情地朝着大西洋方向奔去，无论是实际上还是从隐喻意义上来说，都将美国原住民远远地抛在了后面。画作的灵感来自比兹塔特曾于1863年在内布拉斯加州亲见的一个场景，那时，印第安人迁移法案已经实施了30年。而这时候，西进运动的形式已经迅速发生了改变。比兹塔特遇见的拓荒者再也不是东岸城市的流民，而是来自德国北部和威斯特伐利亚的移民，而像俄勒冈小道这样的通途，也随着第一条跨大陆铁路的修建，而被逐渐废弃。[2]

从印第安人迁移法案通过，直到1890年西进运动结束之间的这段时间里，涌现出了一批致力于描绘美国原住民的画家。其中

55. 在比兹塔特1867年的画作中，落日指引着俄勒冈小道上的拓荒者们一路西行。19世纪中期，约有40万的定居者、淘金者和农场主沿着这条路，将美国的"昭昭天命"变为现实。

最著名的就是乔治·卡特林（George Catlin），他在美国原住民的身上，看到了托马斯·科尔在卡茨基尔山间寻得的东西。卡特林生于1796年，那年美国才13岁。他的母亲在孩提时代曾被美国原住民短暂挟持过的经历，在他年轻的心中激起对西部边境以外那些部族的无限想象。卡特林最初受过雕版画的训练，之后又进入宾夕法尼亚美术学院学习肖像画，到了近30岁时，他觉得自己一眼可以望穿那种平庸枯燥、毫无变化的人生，于是便再次决然地反抗了这种命运。

1830年他开始向西进发，之后又展开了一系列的远征——前后共五次——前往西部边境，在那里为美国原住民绘制肖像。在其他一些画作里，他还在自己能够观察并理解的范围内，记录下了他们的服饰。卡特林像他同时代的大多数人一样相信，他的创作对象，是一个"正在消失的民族"，他们即将迅速消失于无情的灭绝运动之中，这种想法

56. 和拓荒者们同行远征，乔治·卡特林整个19世纪40年代都在推广他称为"印第安美术馆"的项目，在全美巡回展出他对美国原住民肖像画的巨大收藏，最后还到了欧洲。

激励着他以极大的热情投入这项工作,甚至冒着巨大的个人风险。前后九年之中,他长途跋涉,绘制了300多位美国原住民的肖像。

卡特林当然不会对他画中人们的遭遇无动于衷,他甚至特意准确地记录下了他每一个模特的名字。他笔下的人物,都不是作为一种"类型"呈现的,他们是一个个活生生的个体,在向每一位愿意观看的人展示着美国原住民族中类型繁多、文化传统各异的不同部族,而所有这些部族,都面临着西进运动的威胁。在十年的工作中,卡特林为他们的困境感到哀伤,哀伤于"这个高贵的红色人种……他们的权利被侵犯,道德被败坏,土地被强取豪夺,就连风俗也被改变了"。卡特林以拯救者自居,用他自己的话说,他是"赶来挽救他们的"。然而卡特林试图保存的,只是他们的记忆,而不是他们的生命,因为他已经默然接受了西部部族"注定消失也必须消失"的观念。卡特林相信通过自己的作品,美国原住民和他们的文化将得到记录,而他的绘画作品也将让他们"在画布上重生",他的画作"将在未来的世纪里,成为这个高贵民族的活生生的纪念物"。[3]

尽管卡特林的绘画技法有限,他仍然认为自己的画作对美国历史至关重要,也在之后的人生中极力说服他人接受这种评价。1837年,他将自己的画作整理成了名唤"印第安美术馆"的合辑,在全国巡回展出,之后还去了欧洲。虽然在公众中引起了热烈反响,但这个项目却没能让卡特林盈利。他坚持携带庞大的作

品集、大量随行人员甚至还有两头活熊远涉重洋，这就让他欧洲之旅的可行性大打折扣了。装船时，他的"印第安美术馆"重达

57—60. 卡特林绘制了 600 多张美国原住民肖像以及相关题材的作品。他在一系列边境之旅中，一共走访了 48 个不同族群。虽然今天人们对他的评价十分复杂，但在他的肖像画中，他还是努力展现出其创作对象的个体特性。

61. 美国土著民族创造出了他们专属的艺术形式，以记录将他们从世代居住的土地上驱逐的一系列战争。这幅由夏安族画家在一块水牛皮上创作的画描绘的是1876年小比格霍恩河之战，这是他们少有的一次胜利。

整整八吨。卡特林的缺乏节制和规划以及不断积累的债务，最终让他被伦敦的债主告到了牢里。

在那个时代里，卡特林对美国原住民文化的满腔热情是很罕见的。对于其作品中"殖民凝视"造成的破坏算得上是种补救的是，他的画作中也记录下了原住民的仪式生活、团体狩猎等等活动，这些对于他描绘的人群和文化都是极为重要的元素。当他们的后人在21世纪尝试重振传统礼仪时，这些记录就成了一种宝贵的参考。

在现存的画作和肖像中没有明显体现的是，大草原上的印第安人事实上对于自身被驱逐或灭亡的命运所表现出的，并不是温顺和妥协。他们始终在为自己的土地和传统而战，并用自己的艺术作品记录着这种抗争。他们的艺术——画在小牛皮或水牛皮上的"记事简画"和"战争事迹"——记录了他们和身着蓝衣的美国士兵的战争。这些都是从拓荒前线上另一方的视角,对"昭昭天命"进程的独特记录。它们记载了西部如何落入敌人之手。夏安族人在动物皮上画下了1876年小比格霍恩河之战,此次战役是后来被称为"印第安战争"中美洲原住民少有的几次胜利之一。然而,关于失败的画面要远多于胜利的。

留给后人的肖像

而在距离美国西部几千英里的地方,另一位欧洲画家正在另一块殖民地上描画着另一批原住民的肖像。戈特弗里德·林道尔（Gottfried Lindauer），这位捷克血统的画家来自皮尔森,这座城市当时还是奥地利帝国的一部分。1873年,他离开家乡——很大一部分原因是为了逃脱奥匈帝国的兵役——踏上远离哈布斯堡王朝势力的旅程。他先是被德国吸引,之后,在1874年8月6日,他登陆了新西兰。

身为维也纳美术学院的毕业生,林道尔的肖像画技巧十分高超。他特别擅长的一种技能,就是在画布上表现出人像照片的那种逼真和直接感,特别强调强烈的明暗对比和表面的光泽（不过后来的评论家认为他的肖像画缺乏深度）。19世纪70年代到80年代,林道尔一直在新西兰巡回作画,建立工作室,为他走访的每个村镇提供服务。而当他到达他的第二故乡时,一场漫长的战事正进入尾声。

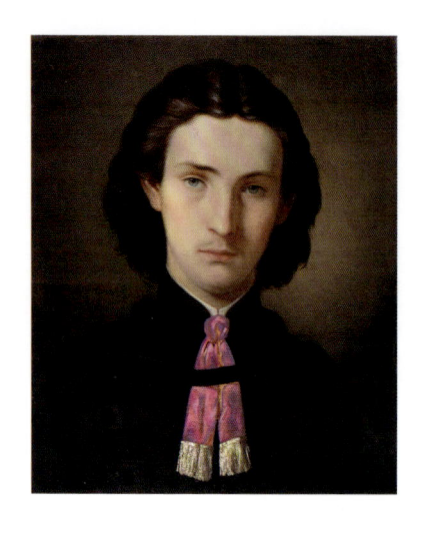

62. 戈特弗里德·林道尔年轻时的自画像。移民到新西兰之后,这位捷克画家可能成了毛利人最尊敬的画家。

1840年,也就是林道尔出生的那一年,毛利人首领和英国人签订了怀唐伊条约。这个在可疑的情况下签订的条约备受争议,它认定新西兰,即毛利人口中的奥特亚罗瓦群岛的主权归英国所有。之后的几十年间,英国定居者不断占据毛利人原本居住的土地,将他们逐出家园,这段时期里,毛利人和"西兰白人"——毛利人对欧洲人的称呼——之间间歇性的战事不可避免。因为西兰白人背后有着本地军事力量和英国军队的支持,力量上就对毛利人的抵抗军形成压倒性的优势。毛利人多方受挫,丧失了祖先的土地,战事中受制,还暴露在他们对其毫无免疫的欧洲疾病之中,数量于是急遽下降。而与此同时,移民定居的热潮让此地的欧洲人口大增。到19世纪末,仅仅在怀唐伊条约签订后的60年,毛利人人口缩减到仅有5万,而欧洲人则达到了100万之多。

戈特弗里德·林道尔的第一批顾客,都是维多利亚时代晚期新西兰社会富有的显赫人物，有政治家、外交官、大地主和商人。他们中的一些人，包括林道尔的主要赞助人烟草商亨利·帕特里奇（Henry Partridge），除了定制自己和家人的肖像，也会要求画家创作毛利人的肖像作品。对于像帕特里奇这样的人来说，这种以毛利人的风俗和日常生活场景为题材的肖像和画作，将会起到一种民族志的作用。与乔治·卡特林的"印第安美术馆"一样，它们也被视作对殖民地初建时期带有怀旧气息的纪念物，对本地原住民的图像记录，而当时的白人普遍认为原住民已经时日无多。19 世纪 30 年代，早在查尔斯·达尔文（Charles Darwin）的进化论问世之前，英国旅行家爱德华·马卡姆（Edward Markham）就在拜访新西兰时指出，全世界都在展开一场预先注定的驱逐和灭绝进程。他认为，就像美国原住民一样，新西兰的毛利人也将不可避免地走向灭绝。马卡姆和其他大多数 19 世纪评论家一样，看起来都平静淡然地接受了这种残酷的种族灭绝论。

在我看来，让印第安部落人口减少的那些原因，正在全球范围内广泛发挥着作用。新西兰本地的土著民族就和加拿大或北美的那些，以及南非霍屯督人一样，是一个正在衰减的民族，南太平洋群岛上发生的也是同样的进程。朗姆酒、毯子、火枪、烟草和疾病都是强大的摧毁力量。而我的想法是，是上天如此决定的，否则它就不会被允许发生。恶的存在，是为了更大的善。[1]

然而毛利人的社会并没有走到濒临灭绝这一步。到 19 世纪 90 年代，毛利人口数量开始恢复，这带来了一场毛利文化复兴运动，令其传统和身份认同得到了重申和强化。[2] 北岛上的毛利人各部族合力举办了一场被称为"国王运动"的复兴，各界人士通力合作，努力让毛利祖先重获尊崇与纪念。正是作为这场运动的一分子，林道尔的际遇，与奥特亚罗瓦毛利人的故事紧密结合在了一起。

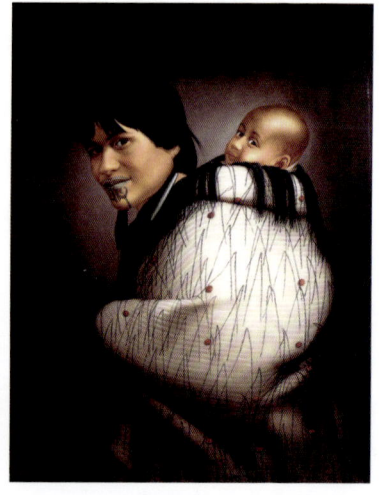

63、64. 林道尔绘制的《毛利首领瓦卡·内内（Waka Nene）》画像（1890年），以及《希妮·西日尼（Heeni Hirini）和孩子》（1878 年），都显示出毛利人在两种文化之间游刃有余，看上去适应了一个剧变的时代。

19世纪的毛利人和西兰白人之间的关系是复杂多面的，抵抗与冲突的同时，也发生着交流和双向的融合。[3]林道尔在为欧洲顾客绘制毛利人肖像时，会让毛利人穿上传统服饰。而当他的顾客是毛利人自己时，他们很多会要求穿戴融合了欧洲与毛利传统的服饰，以显示他们在两种文化间的游刃有余。林道尔的肖像画能够让他的毛利模特们表现出自己在这个复杂、多变且多元文化的社会中已经占据了一席之地。林道尔在1884年为特·让吉欧图（Te Rangiotu）——毛利首领、也是一位成功的商人——绘制的肖像，就属于这种情况。这幅画像，既显示出首领的身份，又根据他本人希望自己被看到的、被铭记的样貌而画，而被铭记，就是理解这幅作品的关键。

林道尔的毛利人画像迅速融入了毛利人的文化和信仰体系。他的作品对毛利人群体的重要性，被捷克作家、旅行家约瑟夫·科任斯基（Josef Korensky）在他1900年的新西兰之旅中注意到并记录了下来。得知与自己同为捷克血统的画家在离欧洲1万1千英里之外，鲜为人知的部族之中获得如此之高的地位，科任斯基是相当兴奋的。他写道：

> 提起林道尔的名字，每位毛利首领都会点头，说知道这位为他们绘制肖像的画家。出席他们重要人物的葬礼时，你在遗体上方看见了什么？你看到的是首领极其逼真

的油画画像，装饰着绶带，提醒着宾客们逝者生前体面的面容。你可能会问，是谁创作了这些画像？看看画作角落，你就会看到画家的签名：博胡斯拉夫·林道尔（Bohuslav Lindauer）。[4]

今天，戈特弗里德·林道尔的毛利人画像在新西兰仍然享有高度评价，并且在他的故乡捷克共和国，也受到了越来越多的赞许。他创作的许多肖像画，包括特·让吉欧图的画像，都仍然在画中人的家族中流传。画像被认为蕴藏着画中人的精神，后人能够通过它们与之交流。这些归毛利社区和家庭所有的画像，常常被挂在传统的毛利会堂中，这个神圣的场所一直在毛利文化中占据着核心地位。这种毛利会堂传统上常常装饰以精雕细琢的半抽象人物和回旋形的图案，每个图案都有自己特有的象征意义。欧洲人到来以后，毛利会堂的装饰也从欧洲艺术中

65. 林道尔凭借对其绘制对象 Tā moko（面部文身）的精湛再现，赢得了毛利人的高度尊崇。同样的纹样——每一组都是独一无二的——也出现在 Marae，即传统的毛利会堂的装饰中。

66. 林道尔为毛利首领与商人特·让吉欧图绘制的画像，至今仍为其家族后人所收藏。这种画像不但呈现出其祖先的相貌，更是画中人的化身，蕴含着他的精神。

获得借鉴，吸纳了更具象化的形象场景，一种新的混合文化由此渐渐成形。

传统的毛利会堂都由精细刻画的面部雕塑守卫着，这种雕塑本身和另一种毛利艺术形式——Tā moko，即面部文身——紧密相连，林道尔也非常认真地将它精彩地呈现在画作中。从林道尔本人的信件中可以知道，他花费了大量精力来精确地捕捉模特脸上的纹样。他在其中一封信里写道："毛利人对花纹的样式非常敏感，我作画的时候，他们能马上指出我这方面的错误。所以我非常深入地研究了这些花纹。"[5] 今天，面部文身在现代新西兰成为一项复兴的传统艺术，将毛利人和他们的祖先联系在一起。因为 Tā moko 面部文身是毛利人在 700 年前初来奥特亚罗瓦时带到新西兰来的，因此它也在毛利人与太平洋上其他拥有着不同文身形式的波利尼西亚群岛文化之间建立了关联。Tā moko 面部文身被认为是一种表示美与尊敬的标志，几世纪以来，它都承载着特殊的文化内涵，表示着社会地位与家族联系，每个纹样都是独一无二的。虽然今天，Tā moko 面部文身的图案可能不可避免地被时尚界利用，成了全球性的时尚设计元素，但对许多毛利人来说，他们又重新拾起了这些文化自豪感与身份认同高度视觉化的象征。

相机的出现

1838 年或 1839 年的某天早上八点——时刻是确切的,但不确定年份——发明家路易 – 雅克 – 芒代·达盖尔(Louis-Jacques-Mande Daguerre)在巴黎 11 区塞宋大街 4 号的一个窗台上架设了一个照相暗箱。他将镜头越过楼下的屋顶,对准了圣殿大道。进入暗箱的光线使一块镀了薄银的铜版曝光。达盖尔使用汞蒸汽作为显影剂,将成像结果反馈到铜版上。达盖尔最初相机原型的曝光时间需要 10 分钟左右。对于记录下那些在圣殿大道上往来的行人和马车来说,这个曝光时间就太长了,所以车马都只留下一片模糊的影子。但有一个人此时刚好停在原地擦鞋,他静止的时间够长,足以让他出现在达盖尔的相片上。照片上还能分辨出其他人模糊的轮廓:只要在那里逗留的时间足够长,就能留下一个影子,但是缥缈有如鬼魅。只有这个擦鞋的男人形象是完整而清晰的,于是他就当之无愧地成了史上第一个被拍下照片的人。他的形象太清楚了,以至于有些摄影史学者怀疑他是不是达盖尔有意安排在那里的。无论是否出于刻意安排,他的形象都表明了摄影技术的巨大潜力:它能够将人物形象显现并固定在玻璃干板,再转到相纸上,凡是艺术家们通过暗箱镜头看见的景观,都能这样被永久固定下来。

  肖像摄影是一种意义深远的革命性媒介。此前,画像对大多数人一直是遥不可及的奢侈品,而摄影技术的快速完善和发展让几乎每个人都能接触到相片,之后这种普及还推广到了相机本身。摄影不但让人的形象得以长存,更使其可以传播,它让活着的人们有机会凝视自己先祖的面容,也知道自己的后人也将继续可以这样做。

67. 第一张银版照相法拍摄的照片,路易-雅克-芒代·达盖尔在巴黎拍摄的圣殿大道,摄于 1838 年或 1839 年。

68. 一个身份不明的男人正在圣殿大道上差人擦鞋。他很可能是第一个出现在照片里的人。

然而相机在艺术家们的手中，除了制作影像记录之外，还大有可为。

首先出现了这样一群人，他们认为肖像摄影能够捕捉被拍摄人的内在个性，这其中就有加斯帕-费利克斯·图尔纳乔（Gaspard-Felix Tournachon），他更为人所知的名字是纳达尔（Nadar），这个别名他从年轻时就一直使用着。纳达尔是位讽刺画家、小说家和出版商，同时也是一位摄影师。可能最重要的是，他是一个迷恋自我展示和推销的人，充满旺盛的精力和无限的热情。这种活力和才能让他成为当时巴黎社会的一个著名人物。他的名气大到他的朋友、著名作家维克多·雨果（Victor Hugo）给他写信时，什么地址都不用，只要写"纳达尔收"，就能稳妥地把信寄到他位于卡皮西纳大道的工作室。利用他的社会影响和当时刚刚问世的湿胶法摄影技术，纳达尔成了一代肖像摄影大师。（湿胶法取代了达盖尔银版照相法，将之前长达数分钟的曝光时间缩短到30秒。）通过用光、布景、服化的实验创造出一种更轻松自在的氛围，这种进步让纳达尔得以捕捉拍摄对象的内在个性。[1]他的工

69. 加斯帕尔－费利克斯·图尔纳乔，早期肖像摄影的先驱。他力求捕捉相机前名人们的内在个性。上图是他为女演员莎拉·伯恩哈特拍摄的肖像（约 1864 年）。

作室拍摄了一大批优秀的摄影作品,包括小说家夏尔·波德莱尔（Charles Baudelaire）、大仲马（Alexandre Dumas）以及著名女演员莎拉·伯恩哈特（Sarah Bernhardt）的肖像。

由于这种技术正诞生于欧洲的城市化进程如火如荼之时——这个现象在欧陆发生得比在英国晚一些——摄影技术的另外一大主题就是城市本身。巴黎当时正处于一场激烈的全面变化之中,既是创造也是毁灭。在这个过程中,相机就被用来记录一个巴黎的死亡和另一个巴黎的诞生。在向现代化的一路狂奔中,每个星期都有更

70. 在被称为"奥斯曼化"的大型重建工程中,摄影师查尔斯·马维尔抓住了巴黎中世纪的城市建筑在被拆毁前最后时刻的影像。

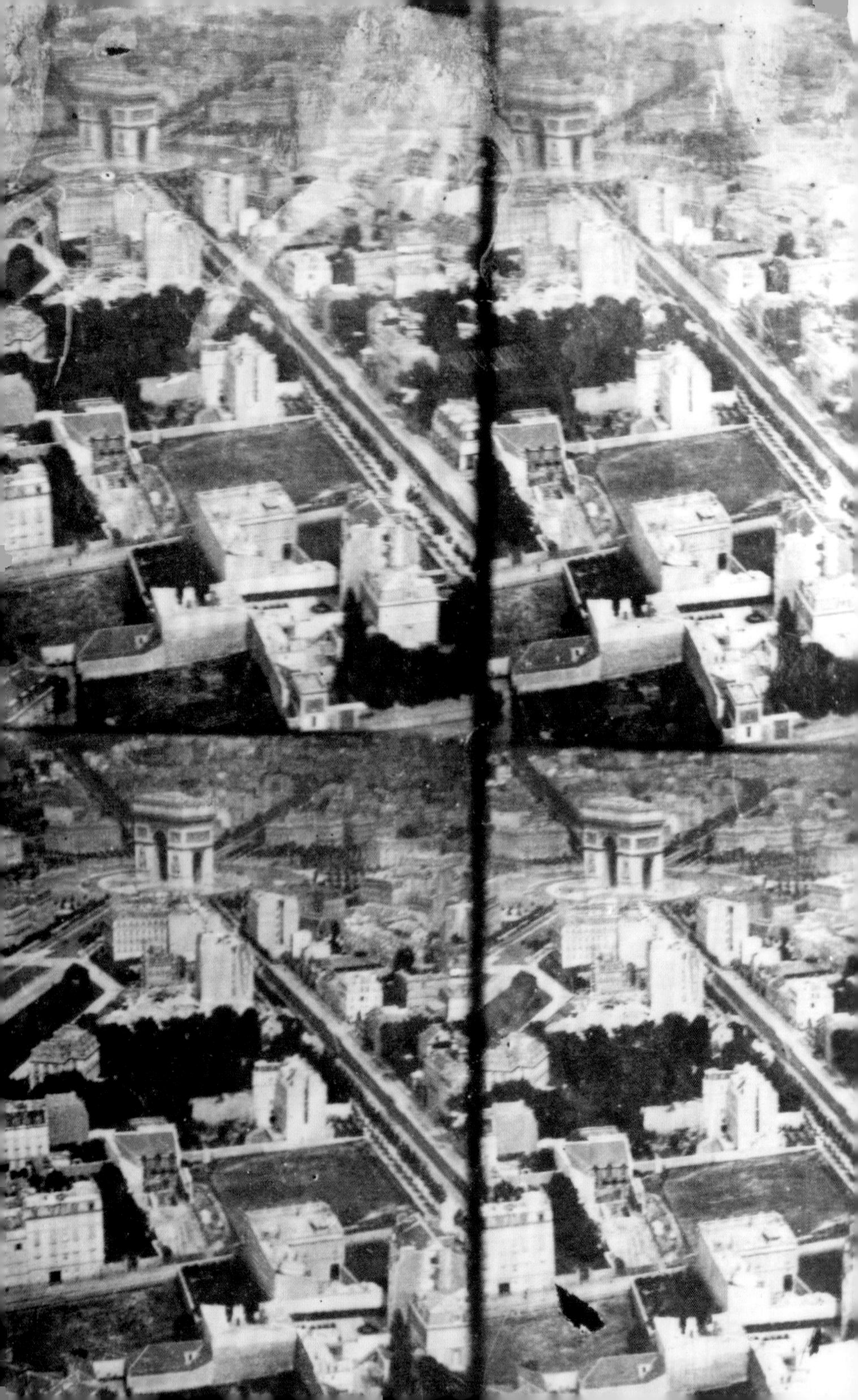

多老旧的中世纪巴黎城区被拆除。从19世纪50年代开始，整片整片的街区被拆除，重建起一个规划好了的城市。这项拆除—重建工程被称为"奥斯曼化"——得名于主持这项工作的那位冷酷无情而又颇有远见的乔治-欧仁·奥斯曼男爵（Baron Georges-Eugene Haussmann）。

作为出身名门的官僚，奥斯曼曾经是拿破仑·波拿巴的侄子路易-拿破仑（Louis-Napoleon）早期的忠诚盟友。在这件事上，奥斯曼押对了注。路易-拿破仑后来成了第二共和国的总统，之后又成为皇帝，称拿破仑三世。作为回报，他给了奥斯曼极大的权力，来推进这个新首都建设计划。那个在此进程中即将消失的城市根本上是中世纪的，逼仄湿暗，有种说法是，新鲜空气和阳光根本无法进入那里。

然而，赶在旧巴黎在历史进程中逐渐消失之前，一位摄影师查尔斯·马维尔（Charles Marville）尝试记录下了这个城市曾经蜿蜒狭长的街道和老旧腐坏的建筑，记录下他从孩提时代就熟知的城市（他自己家的房子也在重建计划中被拆除了）。随着人口激增到逾100万，巴黎成为一个社会问题不断恶化的城市，同时代的曼彻斯特和纽约贫民窟里的所有问题都在这里发酵滋长。虽然巴黎的工业化程度相对不那么高，也更多地保留了一些中世纪的气

---

71. 纳达尔在19世纪60年代的某个时间里，从热气球上拍摄的巴黎凯旋门系列航拍影像。

质，但整个城市并不浪漫，尤其在马维尔拍摄的诸多惊人的影像中，更是毫无浪漫色彩可言。他之后受雇于巴黎历史建筑部拍摄的照片，就是在以图像的方式，既记录了旧都城，也记录了兴建中的庞大建筑工程。许多他更令人难忘的影像，拍摄于新旧交替的进程之中：老城已变为一片瓦砾，而新兴的大城市正在修筑，尚未成形。

从奥斯曼的重建计划中脱胎而出的巴黎，已经扩张了许多。拆除了大约两万座建筑，又新建了近三万座。据一些学者估计，人口也翻了一番。但"奥斯曼化"的人道成本是相当巨大的。成千上万的巴黎穷人被赶出城市，他们的房屋被拆除，盖起了政府大楼，或是他们根本无力承担其房价的中产新住宅区。这些不幸的人们被驱赶到不断扩张的郊区。为这个大都市的重生拍下最不寻常的影像的，正是纳达尔。他走出工作室，并让相机飞上了巴黎的天空。纳达尔除了是当时著名的肖像摄影师，还是航空技术最热情的推广者，也是"重于空气的飞行器推广协会"的创始人之一。1858年，他意识到将这两种跨时代的技术——相机和热气球——结合到一起，是具有可能性的。

到了19世纪50年代，热气球的安全性就比更早的蒙戈尔菲耶气球——就是当拿破仑占领埃及时，坠落在开罗的埃兹贝基亚广场的那个——要高出不少了。纳达尔使用的是一个系留气球，在凯旋门附近起飞并上升到1600英尺的高度。在气球的平台上，他拍下了史上第一组航拍照片。在空中鸟瞰巴黎的图像，成为19世纪现代化的标志性画面之一，因为只有从空中，人们才能真正了解到奥斯曼拆建项目的整体规模。

艺术对进步的回应

我们在现存的纳达尔航拍照片里看到的巴黎，对当时的新一代艺术家来说，既是他们的家园，又是创作对象。他们像奥斯曼一样，怀着满腔清扫旧事物的热望；他们也像纳达尔一样，对新事物深深着迷。纳达尔在他们的故事中也确实是个重要人物，1874年，就在他位于卡皮西纳大道的工作室原址，这群艺术家举办了他们的第一次展览。

21世纪的我们，已经很难充分体会到印象派画家在当时显得多么现代和激进。今天，他们创造出的新视觉风格已经被完全接受，并且彻底商业化了，因此我们现在很难理解它最初诞生时的那种震撼效果。雷诺阿（Renoir）笔下的派对场景，毕沙罗（Pissarro）的巴黎街景以及德加（Degas）的芭蕾舞演员体现的不仅仅是艺术创新，更显示了世纪末（fin-de-siècle）欧洲特有的那种，已经失落褪色的优雅和魅力。他们是当时整场艺术革新的一部分，而这场革新是如此成功，以至于我们现在已经很难想见,他们当时刻意选择了城市里的人群作为创作对象,是一种多么激进和具有挑衅意味的行为。而这种行为,在19世纪70年代,导致了印象派画家及其同路人被法兰西艺术院(Académie des Beaux-Arts)拒之门外,当时艺术品味、技巧和风格的最终仲裁权,全在这些院士们的手里。

从创作对象来说,印象派画家着迷的是城市,是它发展中的郊区和它不断扩张的中产阶级;而在他们的艺术风格和艺术思想里所有更激进的元素之中,光线及其造成的效果,则是重中之重。这继而发展成一场聚焦于新城市的艺术运动,这座由奥斯曼和他的规划者们设计的城市,白天让阳光充分照射进来,晚上,则被千万盏街灯以及城市里的咖啡屋、饭店和公寓里亮起的灯火点亮。[1]

尽管克劳德·莫奈(Claude Monet)更为人们所熟知的,是他画的睡莲以及晚年在吉维尼花园的画作,然而他最先锋的作品,其实是巴黎的第一座火车站:圣拉扎尔火车站。这座火车站作为一种伟大的革新科技的焦点——这种科技到达法国的时间稍晚于英国——本身就是现代性的重要场所,同时也是莫奈熟悉的一个地方。在他的《圣拉扎尔火车站》系列作品中,我们看到车站被笼罩在一片夸张的蒸汽和烟雾之中,又被从巨大站台的玻璃顶棚上倾泻而下的日光照亮。为了放大光线变化的效果,莫奈绘制了一天不同时段中的圣拉扎尔车站。光线穿过滚滚蒸汽,变幻出来的绚烂视觉效果，让列车本身退居到了画面的次要位置。让我们只能隐约瞥见的，还有奥斯曼那些无处不在的建筑。

在古斯塔夫·卡耶博特（Gustave Caillebotte）1877年创作的巴黎雨天街景中，奥斯曼建造的宽广大道被呈现为一个压迫性的存在，简直就像经过相机广角镜头处理一般。路人匆匆而过，都各自忙着去做自己的事情。人物之间没有任何眼神交流——连向观众走来的这对夫妻之间都没有交会。每个人都将自己封闭起来，让他们互相隔绝的，不仅是手中的雨伞，也是城市中趋同的生活。

72. 克劳德·莫奈《圣拉扎尔火车站》系列中的一幅。

73. 古斯塔夫的《巴黎街景》中画面怪异的变形。《雨天》(1887年)突出体现了奥斯曼建筑的棱角。构图中画面边框的剪裁效果以及焦点的运用，显示出画家对摄影的热衷。

在埃德加·德加（Edgar Degas）的《苦艾酒》(1876年)中，两个人物之间也存在类似的疏离感。两个衣着邋遢的人坐在咖啡馆里，陷入各自的神游。女人面前摆着的就是标题中那种声名狼藉的饮品，在法国限制酒精运动期间，它一度成为大众争议的焦点。虽然坐得很近，这两个人却毫无交流，全然无视对方，以及

74. 埃德加·德加的《苦艾酒》中，两个看似绝望的人物，都沉浸在自己的困扰之中，全然无视对方的存在。

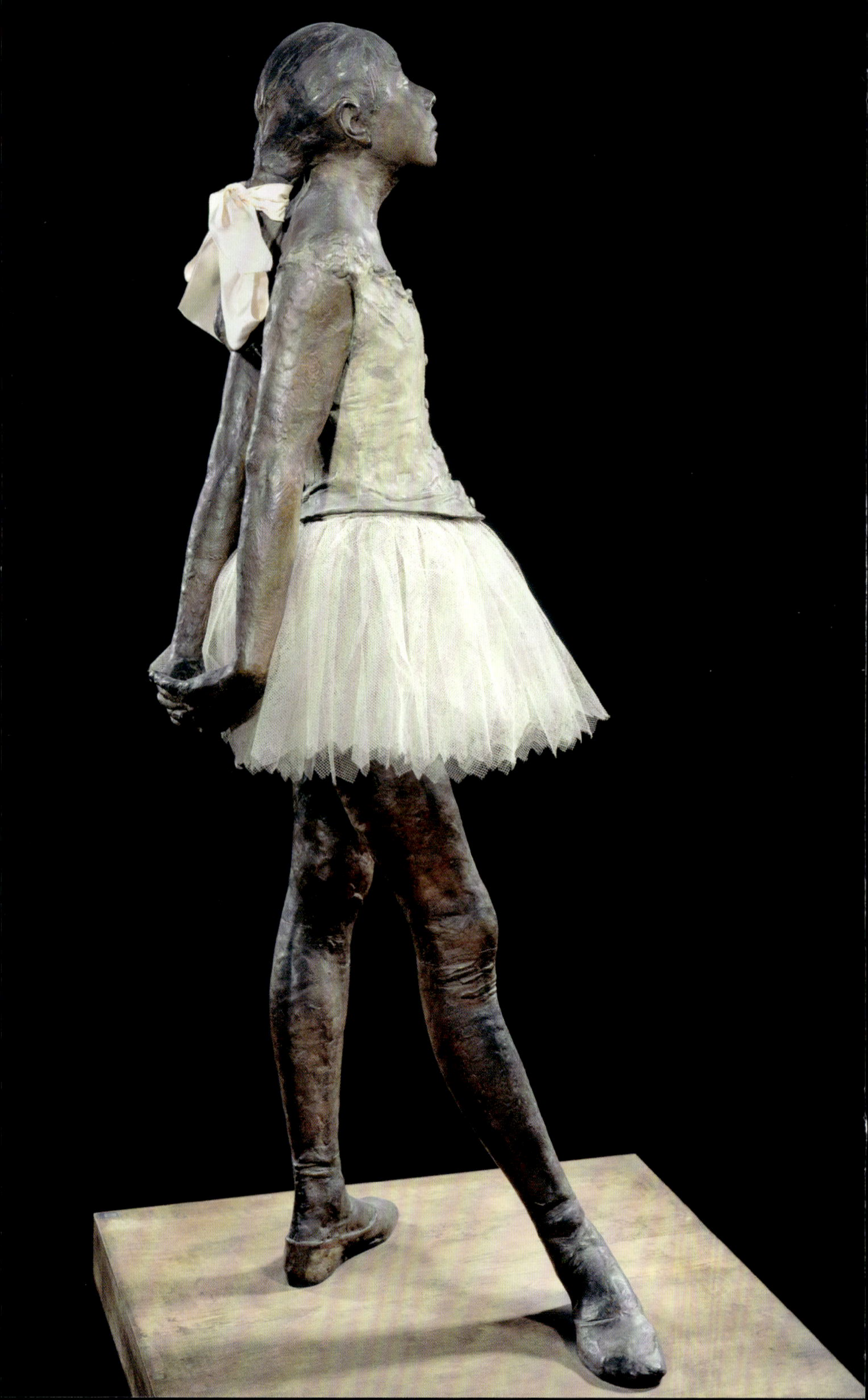

外部世界的存在。德加还有一件更让观众困惑的作品——那尊怪异的雕塑《十四岁的小舞者》。他的创作对象，少女玛丽·冯·格特姆（Marie van Goethem）是巴黎歌剧院芭蕾舞团的年轻学员，这些少女被称为"小老鼠"。德加这件只有人形2/3大小的雕塑作品冰冷而陌生化，显示出他本人身上令人不安的、都市人特有的冷漠疏离气质。

印象派最令人感到迷惑的画作之一，应属《女神游乐场的酒吧间》（1882年），在这幅画中爱德华·马奈（Edouard Manet）让观者窥见了巴黎上流社会那个闪闪发光的浮华世界，但只能从吧台背后的镜子中间接地看到。自从《女神游乐场的酒吧间》在1882年的巴黎沙龙展览上露面，这幅画就饱受争议。争议的焦点正是位于画面中心的人物，女招待。她的表情堪称所有艺术作品中最著名、激发了最多研究的表情之一，是不动声色的冷漠，还是防御性的疏离？马奈把她置于一大排奢侈商品——香槟、时兴的进口啤酒和一碗橙子——之间，有可能是旨在暗示，她本人也是一种商品。镜子中映照出的她的背影也不在它逻辑上应该在的地方，这一点更加深了观众的疑惑。这个女招待似乎是望着画面

75.《十四岁的小舞者》是德加为芭蕾舞少女学员玛丽·冯·格特姆而作的一件令人困惑的雕塑作品。当时的评论家为舞者僵硬的姿势和扭曲的面部感到震惊。一些人认为这件雕塑作品是一种有意为之的丑化。

76. 爱德华·马奈在 1882 年绘制的《女神游乐场的酒吧间》中的女招待苏珊。这幅画作为体现表意含混性的经典作品，设置了大量被编码的视觉信息：我们得到的大部分信息都是通过吧台后面的镜子获得的。

外的一个戴着礼帽的男人，而不是像我们一开始可能以为的那样望着观众的，我们只能在镜子里看到这个男人。马奈关于含混性的大师级演绎，精妙地抓住了这个城市的氛围：既现实又虚幻，一个酒精泛滥的消费社会。

逃往异域

1889 年，奥斯曼所规划重建的新巴黎在 5 月到 11 月之间举办了世界博览会，将自己的全新形象展现在整个世界面前。全欧洲共有 2800 万观众前来参观这场 19 世纪所有展会中最壮观的盛会。于法国大革命爆发百周年之际，由国家出资承办的这次盛会是对法国文明的宏大庆贺，同时也是他们在普法战争中战败之后，用热烈欢庆来重拾国家尊严的方式。

世博会的核心装置是一座巨大的铁塔，在当时是最高的建筑。这座铁塔代表了法国工业力量和工程水平的惊人成就，旨在象征现代性。人们几乎已经不记得了，其实埃菲尔铁塔最初是作为一个临时性建筑而建造的，原计划在十年之后就拆除。因为它迅速并彻底地成了那个年代的标志性象征，还标志了巴黎在那个时代的中心地位，因此之前的拆除计划被无限搁置了。后世的法国工程师们便不停煞费苦心地维护着这座世界上最长寿的临时建筑。1889 年，从埃菲尔铁塔上看到的景观几乎和铁塔本身一样具有革命性。从距离城市地面 906 英尺的顶层观景台上，几百万人目睹了之前只能从纳达尔航拍照片里看到的景象，欧洲现代性的中心首府在他们眼前一览无余。

世博会官方的法国艺术展区被安排在艺术馆内，由法兰西艺术院主办。因为印象派画家大多要么不接受艺术院的权威，要么被艺术院拒之门外，所以并没有受邀。然而，一小群画家，包括保罗·高更（Paul Gauguin），却占据了沃尔皮尼咖啡馆外墙的阵

77. 穿过埃菲尔铁塔拱门看到的 1889 年巴黎世界博览会展馆，而铁塔本身也是为这场世博会而造的临时建筑。

地，那是战神广场旁的一块临时场地，就在世博会大门外，他们在那里举办了自己的边缘展。

这场被称为"印象派与综合派小组"的展览得以举办，都是因为沃尔皮尼先生为他的咖啡馆订制的外墙装饰无法在世博会开始前按时送到。[1] 为了不让外墙空荡荡的显得尴尬，他就把这块空间交给了这群画家。这场沃尔皮尼的展出收获了两个意想不到的结果。首先，它将一名原本默默无闻的意大利籍咖啡馆老板载入了艺术的编年史；其次，它让保罗·高更进入了世博会的中心区域。从沃尔皮尼咖啡馆，高更很容易就能走到荣军院广场，他就是在那里见到了殖民地展馆区。

世界博览会所要彰显的不只是法国势力和现代性，它也展示了法国的殖民帝国——包括扩张中新近征服或并入的新领土。世博会项目是总理朱尔·费里（Jules Ferry）在任期间发起的，但他在1889年之前就离任了。他的一个有名的观点是，法国不应当仅仅是个自由的国家，而且"必须成为一个伟大的国度"。费里认为，法国的殖民使命在于"将它的语言和传统，它的旗帜，它的精神，播散到世界各地"。[2]

在荣军院广场，法国治下各地的人们从非洲、亚洲、阿拉伯半岛和大洋洲专程远渡重洋而来，被安排在法国建筑师特意为他们设立的模拟村庄展区。整个展会期间，这些人只能待在展区里。于是前来殖民地展馆区参观的人们，便能在此体验到北非的集市或是西非的街道。他们可以徜徉在塞内加尔、达荷美、柬埔寨、阿尔及利亚、马达加斯加、突尼斯、东京保护国（Tonkin，位于越南）、塔希提岛和其他远方土地上村落的复制品里，观赏日常生活场景的再现或仪式舞蹈的表演。樊篱两边隔开的，是截然不同的两个人群：表演者和观众们——被殖民者和殖民者。[3]

这个设计精巧的庞大的人类动物园，实际上是一个赞颂法兰西帝国恩慈的活人博物馆。组织者希望观众们能够乐于看到，这些传说中"原始"的民族在法国开化使命的帮助下，正朝着文明迈进。[4] 作为一个持启蒙主义态度的项目，这个使命在坚信人类可完善论的同时，也坚定地认为法国文明高于它治下的其他民族。[5]

但如果殖民地展馆区的观众们在法兰西治下民族的生活和文化中，看出了逃离法国文明的可能性，这可不是组织者的本意。然而，当保罗·高更在1889年的夏天漫步于这个临时搭建的微缩版法兰西帝国时，恰是抱着这样的想法。

虽然在印象派的八次画展里，高更的作品已经参展了五次，但他在这个流派中还是常常被人忽视。高更入行比较迟，之前在法国海军服过役，还曾在城市里经商，直到在1882年的经济危机中遭遇亏损，才转向了艺术。像19世纪晚期大多数法国画家和作家一样，高更着迷于逃离现代欧洲生活的狂热节奏与造作矫饰。因为资金短缺，他也一直在寻找一个生活成本更低的地方来作画。

78. 爪哇舞者乘船前往巴黎,在世界博览会的殖民地展馆区中生活、表演。来自亚洲、非洲和大洋洲的人类社会生活展出,也是公开展览的一部分。

虽然他在 1888 年就想要逃往热带地区生活,而且也同他的画家朋友埃米尔·伯纳德(Emile Bernard)和文森特·凡·高(Vincent Van Gogh)讨论过这个想法,但直到他参观过世博会之后,这种想法才真正成形。

高更坚信在殖民地能够实现他的艺术抱负,并使糟糕的经济状况得到改善,虽然他一直想要回到巴黎出售他的新作。万事俱备,只欠决心。在前往越南的正式申请被拒之后,高更便决意在马达加斯加岛上建立他的"热带工作室"。他走访了殖民地展馆的塔希提展位,世博会于1889年闭馆后,他就开始研读关于法属波利尼西亚岛的文献了。那时,他还读到了一本殖民地爱情小说《洛蒂的婚事》(1880年),作者是法国海军军官皮埃尔·洛蒂(Pierre Loti),故事的背景正是塔希提。关于塔希提,高更读得越多,他就越坚信自己将在那里找到适合自己生活和工作的便宜住所,身边围绕着文化与生活模式都未曾被开化使命改变的真正自然民族。他也将在那里找到新生,成为一个自由人,一个摆脱了巴黎资产阶级生活的造作与令人窒息的繁文缛节的自由人,一个与自然和内在的"狂野"自我合而为一的人。启航出发之前,他在给一位朋友的信件中这样描述即将迎来的新生:"那个欧洲人高更已经不复存在了。"[6]

在18世纪60年代初次踏上塔希提群岛的法国人看来,他们当时遇见的民族,是地球上最知足安乐的人群。路易-安东尼·德布干维尔(Louis-Antoine de Bougainville),第一艘到达那里的法国船只的船长,极其传神地将它命名为"新基西拉岛"——基西拉岛正是古希腊神话中,与当地的风景同样美丽的阿弗洛狄忒浮出水面的那个小岛。在描述18世纪中期的塔希提女性时,布干维尔也运用了相似的古典意象。[7]正是由于布干维尔的种种描绘,以及英国人约瑟夫·班克斯(Joseph Banks)和詹姆斯·库克的论述,太平洋小岛塔希提的发现在启蒙时代的欧洲成了一个大事件。

在深深吸引着当时欧洲读者们的塔希提传说中，那是一个至美的胜地，瓜果遍地，青翠的海岸边碧海环绕，鱼虾成群。据说，塔希提岛上的色彩远比欧洲丰富明快，更重要的是，他们叙述中的塔希提女性总是美艳动人，容易亲近，也没有欧洲女性在礼仪约束下的造作矫饰。这些说法中淳朴而自由的塔希提生活虽然未必可信，但对于受过教育的欧洲中产阶级来说，它们却印证并强化了启蒙思想中的乌托邦情结——对造物主的博爱与人类善良本性的信念。看上去，卢梭（Rousseau）的"自然人"理论和"高贵的野蛮人"等说法似乎在现实中有了活生生的例子，尽管这个启蒙主义概念实在经不住推敲，也没有多少人赞同。

虽然关于塔希提岛和塔希提人的描述也有更平衡而审慎的版本，但它在人们心中产生的总体印象就是一个热带的完美乐园。在一些后来的19世纪观察者看来，塔希提生活的那种纯真无忧的状态，极像是托马斯·科尔《帝国的进程》系列画作中田园牧歌的阶段。他们附着于塔希提之上的那一重重浪漫的异域风情，后来又被人们渐渐开始持有的，关于塔希提人是一个即将消亡的纯真民族的信念所强化。就像在美国西部和原住民的例子中一样，对他们必将消亡命运的想象，反倒更为他们和他们的文化增添了浪漫色彩。19世纪80年代后期，高更就大量接触到这些理论和陈见。当一位记者问他为什么选择在塔希提定居时，他答道："我被这片处女地和那里原始而淳朴的人们所吸引。我曾经不断回到那里,未来我还将继续到那里去。要创作出新的东西,我就必须回到原始的环境,回到人类的童年之中。"[8]

深深吸引着 18 世纪欧洲人的塔希提,其实在很大程度上只是基于短暂接触和肤浅互动而制造出的启蒙主义神话。到了 19 世纪末,塔希提的现实与这个神话的距离就更远了。19 世纪 90 年代的塔希提,虽然还不至于注定灭绝,却也已是个内外交困的腐朽社会。一小部分当地精英阶层和外来的欧洲人交好,但大部分塔希提人都备受疾病、战争和廉价酒精的折磨。人口只剩下了之前的零头,各个教派的传教士又都在尽其所能地摧毁当地文化信仰,而且在高更的时代,这个进程仍在继续,虽然从未彻底成功过。在研究欧洲文明和殖民文化对其他社会可能造成的影响时,塔希提成了一个经典案例。

高更后来发现,先前关于塔希提的传言里,只有美丽的自然风光——如果离开首都佩皮特的

79. 画中是保罗·高更的少女情妇特哈玛娜,她身着欧洲风格的衣裙,也就是传教士们强加在塔希提人身上的那种服饰。但她手中的花和画面背景中的图案都显示出塔希提文化和历史。

80. 高更初到波利尼西亚时的绘画，这幅 1893 年的画作明显将塔希提人描绘成一个无忧无虑的人群，生活在伊甸园般的田园之中。

话——以及容易搞到女人，或者在他的故事中，搞到女孩这两个说法是真的。高更很快就在当地为自己找到了一个情妇兼模特：年仅十四岁的少女特哈玛娜。当高更开始着手绘制这个岛屿和那里的人群时，这个女孩就成了他的模特。高更形容塔希提是一块"所有事物都赤裸而原始的"土地，但他不仅对未受污染的、"原生态"土著文化和生活方式感兴趣，也对法国殖民造成的腐蚀性影响有所关注。[9] 实际上，当高更流连于欧洲商人和政府官员之间，享受着自己的名气时，他那种故作出来的波西米亚放浪姿态，已然成为法属塔希提殖民社会的特色之一。

虽然高更的塔希提画作看似充满异域风情，但作为一位复杂而矛盾的画家，他不可能把塔希提岛描绘成欧洲人常规想象中的那种古典的岛屿天堂。他像许多人一样，把世界划分为截然不同的两部分：欧洲，和像塔希提这样的人们——在他以为——所处的自然原始状态。他不断地提及他需要恢复活力，而这只能发生在远离欧洲文明的地方。在他的一些信件里，他是把"文明"这个

词作为贬义词使用的。高更的塔希提画作中无疑充满了他关于热带、性、文明和野蛮的个人观点和感知。即使搬到了波利尼西亚,那个"欧洲人高更"仍然存在,当他描绘塔希提女性时,她们更常是作为一种当地的"类型人物"出现,而不是一个个个体,而且她们都把头从观众面前扭开,这让人想起德加笔下人物的姿势。

81. 高更最后的杰作是需要从右往左看的,这幅画创作于他的身体状况开始衰弱之时,也是对人生从生到死各个生命阶段的一种哲思。

文 明 Ⅱ

高更自身复杂的背景也进一步形塑了他的思想。他的父亲是法国人，但母亲是秘鲁人，因此高更自认为，也告诉别人他母亲祖上有印加血统。虽然很可能只是个家族传说，但高更不断在书信中提及这件事。他看起来相当坚信这种他自己认定的混血血统，这意味着他体内存在着教化与野蛮两种属性，而这就解释了他本性中的矛盾。1889年，他在写给艺术交易商特奥·凡·高（Theo van Gogh）的信中说道："你知道，我有印度和印加的血统，它主导着我做的每一件事。它是我整个人格的基础。我一直在寻找更自然的东西来对抗文明的侵蚀，而野蛮就是我的起点。"

即便如此，高更的大多数塔希提作品仍然可以被视作如实地反映了他所见的塔希提人的状态：这个民族已经处于被欧洲征服的后期阶段，而欧洲，正是高更希望暂时逃离的地方。虽然画面色彩明艳，但高更的塔希提画作中仍然流露出着哀愁与失落。高更确实觅得了逃离欧洲的虚伪矫饰的方式，但却是意外地在塔希提的过去里找到的。通过在巴黎能够轻易获得的书籍，高更研习了塔希提的历史，从中了解了这个岛屿的神话传说。他将自己理解的塔希提神话和灵性融入画作之中，还使用了来自其他热带地区的视觉概念来呈现塔希提的意象，得到的视觉效果通常都很惊人。

他最后的杰作《我们从哪里来？我们是谁？我们将去往哪里？》完成于1897年末。那时，高更的女儿阿琳（Aline）去世的消息刚刚从法国传来，而他自己的健康也开始恶化，病痛不断，还背负着债务，然而画作中依然充满着野心和创造力。这幅麻布上的作品，足足有12英尺宽，描绘了一整排的象征性形象，有人也有动物，有的直视观众，有的陷入沉思。所有人物都是波利尼西亚女人或孩子，年龄分布从右边的婴儿到左边的老妪。就像一幅卷轴一样，这幅画是从右往左看的。整个画作的创作和意图都笼罩在高更刻意制造的神话之下，他自己的描述和据称做出的行动都必须谨慎释读，但这幅画有可能是作为画家最后的谢幕宣言而创作的。在1898年的一封信中，也就是有传言说高更自杀未遂之后，他关于这幅画写下了以下文字："我觉得这幅画不但超越了我先前的所有作品，我甚至在以后也画不出更好的了，连水平相当的都不可能。"五年之后，即1903年，高更在移居马克萨斯群岛后溘然长辞。

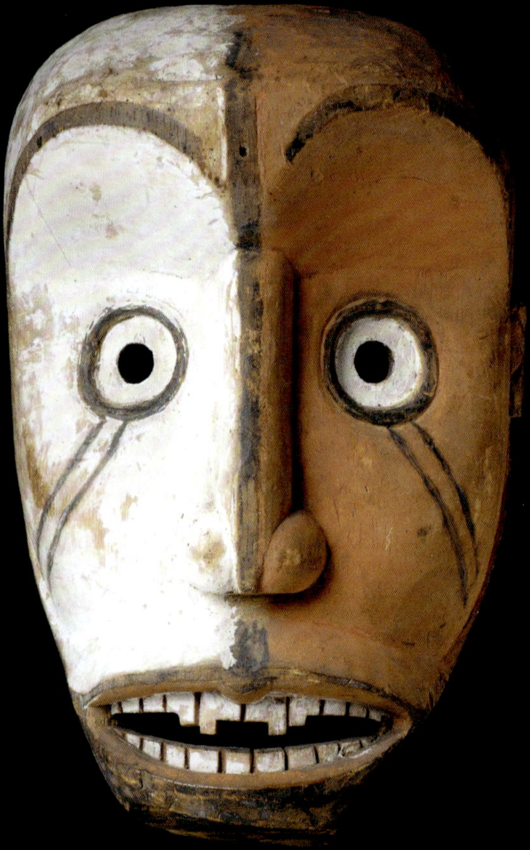

嬗　变

　　在战神广场和埃菲尔铁塔的北面，曾经矗立着特罗卡迪罗宫，那是先前1878年世界博览会遗留的建筑。[1]这座建筑由一个因声效极差而出了名的大音乐厅和两边的副楼组成，东边的副楼内是雕塑展厅，西边则是民俗博物馆。这个民俗博物馆从一开始就问题不断，因为从世界各地运来的民族物件藏品不断增加，以至于馆长根本找不到足够的场地来展示它们。这座建筑显然并不适合其目的，而19世纪最后几年的资金不足又让博物馆变得疏于打理，破败不堪。许多人都觉得它给国家出了丑，所以当它终于在1937年闭馆，其中藏品移往人类博物馆时，并没有多少反对意见。特罗卡迪罗宫的民俗博物馆本来只会是巴黎历史上的一个无名注脚，但一位年轻的西班牙画家在1907年春天的造访，却让它名载

---

82. 毕加索在1907年造访特罗卡迪罗宫的民俗博物馆时，可能见过的非洲面具组中的一幅。

史册。

像其他参观者一样，巴勃罗·毕加索（Pablo Picasso）对民俗博物馆的评价不高。他后来告诉小说家、政治家安德烈·马尔罗（André Malraux）："我当时觉得特罗卡迪罗很无趣，就像个跳蚤市场。味道难闻。我又是孤身一人。当时我只想快点出去。"我们并不知道毕加索参观的具体日期，整件事情充满疑云，所能知道的只有毕加索一家之言。但他又告诉马尔罗："但我又觉得这次参观很重要，有什么事要发生了。"

实际发生的事就是：1907年，毕加索在特罗卡迪罗遇见了非洲艺术、面具和雕塑。一年前在小说家格特鲁德·斯泰因（Gertrude Stein）的巴黎寓所里，他可能就见过艺术上的对手亨利·马蒂斯（Henri Matisse）的非洲艺术藏品，但这次参观确实是无比重要的，因为在1907年的春天和夏天，毕加索画出了大多数美术史学家都认为是20世纪最具影响力也最具革命性的作品《阿维尼翁的少女》。学界长期认为，正是毕加索在特罗卡迪罗看见的非洲面具，为他先锋晦涩的绘画带来了至关重要的影响。

但看起来确定的是，毕加索当时并无意于了解他在特罗卡迪罗或其他场所看见的非洲面具，究竟有何文化意味和仪式作用。虽然也有迹象表明他之后收藏了一些非洲雕塑，但我们并不知道他究竟是否研究过制作出这些雕塑的非洲社会。毕加索感兴趣的是，它们可以如何用到自己的艺术创作之中，而很可能就是在特罗卡迪罗宫的那一刻，他首次找到了——从欧洲以外的艺术中找到了——助力他创作《阿维尼翁的少女》的形式灵感和表达的力量。

这幅作品的背景是一所妓院，这个题材在当时并不算特别激进或不同寻常。画作标题就点明了该作品是关于巴塞罗那亚维农街（Carrer d'Avinyó）的一家声名狼藉的妓院的，而画家在构思时的初衷是想要创作一幅关于欲望、性病和道德的寓言画。构思稿上显示毕加索曾经想过加入两个男性人物：一个水手和一个医科

83. 毕加索《阿维尼翁的少女》的一张草稿上有两个男性人物形象——一个水手和一个医生——但他们在最终的版本中并没有出现。

学生。但最终的完稿上却只有女人。

　　毕加索画了五个赤身裸体的妓女，正在等待主顾。她们的身体是由一系列残破、断裂而参差的板块构成。她们挤在一个狭小的空间内，目光穿透画布直视观众，热烈，凶狠，明显带有敌意。通常认为，《阿维尼翁的少女》画面左边的三个女人借用了伊比利亚古代雕塑的形象，而右边两个面部极其残缺、不规则、不对称甚至变形的女人，则被认为是受到了非洲面具的影响。关于这种处理，虽然毕加索给安德烈·马尔罗做出了看似清晰明白的说明，但他的说法多有相互矛盾之处，有意让《阿维尼翁的少女》多年来一直笼罩在谜团之中。抛开这些细枝末节不论，我们可以认为，而且可以看到的是，非洲艺术所给予毕加索的不仅限于形式和活力上的创新灵感。通过将非洲元素运用到画作中，毕加索有意无意地把当时关于非洲和非洲人的主流理论注入了《阿维尼翁的少女》。他在和马尔罗的交流中，提到了特罗卡迪罗的面具。

　　　和其他任何雕塑都不一样。完全不同。它们是有魔力的……它们是代祷者，是灵媒……它们与所有事物相对立——所有未知的、危险的精灵——我也相信万物都是未知的，所有事物皆是敌人！所有事物！不是那些具体的细节的东西——女人、孩子、动物、烟草、娱乐——而是全部！我知道他们用雕塑来做什么。为什么塑成那样，而不是其他方式？……但所有崇拜用的偶像都是为了一个目的。它们是武器。帮助人们免受精灵的影响，帮助人们变得独立。它们是工具。如果我们赋予精神形态，我们就能独立于他们了。精神，无意识，情感——它们都是同一个东西。我明白我为什么是一个画家了——那天我就得到了《阿维尼翁的少女》的灵感，但并不完全是因为那些形象本身，而是因为它是我的第一次"驱魔"经历——绘画。对，完全如此！

毕加索认为他受非洲面具的启发画出的人物面部，是有力的、危险的，通过把这样的面部放在妓女身上，他在两种观念之间建立了联系：20世纪初期关于种族原始主义、蛮荒和文明的殖民主义陈见，以及关于女性性事和卖淫的更为古老的焦虑。画布的规模更进一步加重了这种影响力：《阿维尼翁的少女》足有8英尺高。画作最终揭幕时，连其他先锋派画家都觉得过头了。所以大约有10年时间里，这幅画一直被束之高阁，但对所有看到它的人来说，它的效果都是极其震撼的，它将毕加索和乔治·布拉克（Georges Braque）引向了通往立体主义的革新之路。

欧洲的沦落

对小说家亨利·詹姆斯（Henry James）来说，第一次世界大战的爆发不仅代表着国际关系的破裂，它更是一场灭顶之灾，是对推动着过去几个世纪的"进步"崇拜的全盘否定。1914年8月5日，英国向德国宣战，所有把战争局限在部分地区的希望都已经破灭之后，詹姆斯在给他的朋友霍华德·斯特吉斯（Howard Sturgis）的信中写道：

> 文明陷入了血污与黑暗的深渊……这件事终结了过往一整个漫长的时代，我们曾以为无论进步来得多么缓慢，世界也总是向前进的，而现在却不得不体会并接受这个危难的年月。这一切太过悲凉，我无以言表。[1]

两天之后，詹姆斯又在给另一位朋友的信中提及"我们那被谋害了的文明"。[2] 之后，8月10日他写给威尔士小说家罗达·布

文明 II

劳顿（Rhoda Broughton）的信件再次流露出悲伤，甚至有些自怜：

> 所有这些悲剧对我来说都是黑暗而可憎的，苟活下来并目睹这一切，我已悲伤得无药可救。你我都是这个世代的人物，本不应该遭受这种信仰破灭的命运，因为在漫长的岁月里我们见证过文明的成长，见过它规避最坏的可能。将我们裹挟其中的浪潮如今朝着洪流一去无返——毫无拯救的希望。在我看来，毁灭一切，毁灭我们的一切，就是最骇人的倒行逆施。[3]

在西方战线的壕沟尚未开凿，在氯气弹和肆无忌惮的潜艇战还未出现的时候，在索姆河与凡尔登战役之前，这位小说家就先于政治家们意识到了：这次大战会是一场巨大的断裂。亨利·詹姆斯后来稍微恢复了一些乐观精神，甚至还重拾了艺术上的方向感，但他最初的那些判断都是颇有预见性的。直到所有"很快就能打个胜仗，在圣诞前就回家"的预估都被证明是错误的，那一代欧洲政治家——历史上受过最良好的教育，也最有特权的一批精英——才意识到亨利·詹姆斯在战事一爆发时就看到的严峻性。

19世纪的欧洲知识界普遍相信，"进步"的趋势是不可阻挡、不可逆转的，然而1914年及之后的暴行，便是对这种看法的无情驳斥。

冒进狂热的一个作用就是，它将原始和野蛮外化了。尤其是非洲，据小说家奇努阿·阿切贝（Chinua Achebe）后来的说法，非洲被塑造成了"欧洲的对立面，因此也是文明的对立面"。[4] 毕加索 1907 年在特罗卡迪罗的民俗博物馆看到的非洲面具中蕴藏的图腾力量，不仅来自它们激进而活力十足的形式，更是因为它们是一种象征，象征着被欧洲人认为是"黑暗之心"——欧洲的反面镜像大陆的内在蛮荒之力。也正是因此，在 1914 年之前的年月里，非洲面具成了极其新奇的事物。1915 年，在西方战线上，一种工业化的全面新型战争，暴露了欧洲自身"文明"外衣之下潜在的野蛮性。防毒面具，这种新近被发明出来并不断升级的武器，成为这一深藏的野蛮内心外化出来的面孔。

德国画家奥托·迪克斯（Otto Dix）可能是众多非官方战争画家中最伟大的一位，在他笔下，防毒面具象征着他们这在劫难逃的一代人注定要见证的历史决裂。1914 年战事一打响就有百万名满怀热情的欧洲青年应征入伍，迪克斯就是其中一员。[5] 据说他奔赴战场的行囊中，还带着一本《圣经》和一本关于尼采哲学的书籍。他在西方和东方战线泥泞的战壕中整整摸爬滚打了三年，其间曾在机枪部队服役，使用着终极意义上的工业化武器——字面意义上的枪支和机械的结合体。正是这种武器，让诞生于 18 世纪英国工厂中的机械时代，最终击碎了机器发明者子孙后代的血肉之躯。这种武器此前只被用在殖民地那些被认为是未开化的民族身上,而在这次战争中,它才首次回到了它的故乡。

迪克斯在服役期间创作了几百张速写。其中一些直接就画在他寄回家的大量明信片上。他的画以图像形式记录了这种新式武器会对血肉之躯造成的冲击。他画下了残缺的面孔和腐烂的肢体。他详细记录下工业化战事如何将士兵从战士变成受害者,如何使搏斗的技巧变得无关紧要,把战事变为一片随机而混乱的杀戮。迪克斯写道,他感受到为这场战争"作见证"的责任,但同时也怀有满腔热忱。无论是战争期间还是战后,他都认为,尽管战争无比残酷,但却让他感受到了普通市民生活中不可企及的体验和深度。他在晚年曾经承认:

> 战争很恐怖,但其中自有宏大和壮美。我无论如何都不想错过这个经历。你必须亲眼看见人们处在一种完全没有束缚、肆意妄为的状态是什么样子,然后才能理解人性究竟是什么样的。我必须亲身体会生命中所有的深刻和复杂,这也就是我为什么要出去,为什么要主动前往的原因。[6]

虽然迪克斯的作品被用在了反战宣传中,但他本人从来就不是个和平主义者。

1924年,在长达一整年的国际性战争纪念活动中,迪克斯发布了他的版画集《战争》，这是一个由 50 张画组成的系列，碎片式地记叙了前线士兵的生活，这组作品还被用来和戈雅（Goya）伟大的系列画作《战争的灾难》做比较。在迪克斯的作品中，个体的痛苦经历总是与日复一日的苦差并置出现。其中最有名的《在毒气攻击下前进的冲锋队员》刻画的是 5 个德国士兵进入对手战壕实施正面进攻。他们的面部覆盖在战争早期原始粗糙的防毒面具之下。他们所处的环境相当非现实，浓烟与毒气令周遭污浊

85. 奥托·迪克斯 50 张版画作品合集《战争》中的一张，刻画了向对方阵地发起进攻的冲锋队员。虽然迪克斯在战壕里画过许多速写，但《战争》是他根据战后数年萦绕在他脑海中的记忆而作的。

难见，一片昏暗中，只能看见被轰炸过的树桩。

迪克斯直白而残忍地如实再现了前线的暴虐，但不带评判或政治目的。在这些作品中，他仍因自己身为士兵而自豪，并且坚信他的战友们经历的苦难值得铭记。但是，尽管拥有强烈的尼采式体验欲望，他也只是一个凡人，用艺术的描绘为工具，来驱除他梦中与脑海中战争的梦魇。[7] 很重要的一点是，《战争》的创作，依据的不是迪克斯在战争期间的速写，而大部分是来自多年以来不断困扰着他的记忆。

他对自己战壕岁月的最终宣言，是被称作《战争三联画》的作品。作品始作于1929年，之后又不断得到完善，到1932年终于完成，其间修改不断，删除了一些视觉元素，让画面更简洁也更鲜明。创作灵感来自日耳曼文艺复兴艺术中三联画的深厚传统，并承载了宗教意象。画面叙事的时间跨度是从破晓到日暮，画中人物的行动轨迹从左至右展开。左边一版中，德国士兵在浓烟中向战场行进，清晨的天空一片猩红。他们的钢盔反射着光线，闪闪发亮。中间的版块，最有力也最富寓意的一幅，呈现出西方战线上的一派荒芜，也采用了之前的作品《战壕》（1923年）中的一些元素。

画中的前线，以及它周遭饱受战争摧残的土地，看上去就像一条横亘在欧洲面庞上的伤疤——由泥泞与腐尸构成的巨大而溃烂的伤疤。死者的尸体遍布在整个画面上。一个死去士兵的残骸斜睨着远方的战场。另一个士兵的身体绕在棘铁丝上，使人想到耶稣被钉上十字架时的姿势，只不过他的身体是倒过来的。鬼魅般骇人的双脚布满弹孔，指向天空，借用了马蒂亚斯·格吕内瓦尔德（Matthias Grünewald）《伊森海姆祭坛画》（1516年）中的视觉元素。一只伸出的手上，弹孔穿透了手掌。

1917年，《伊森海姆祭坛画》被从之前所在的法国阿尔萨斯-洛林省运送到慕尼黑，并在那里激起了高度的狂热和极端民族主义热情。1919年，德国战败后又将此画送还给法国，这便又为格吕内瓦尔德的杰作增添了几分神圣庄严的色彩，象征着战争耗费的人员伤亡和德国的战败。[8]迪克斯三联画中间版块里那些还活着的人物都面目模糊，或藏身于战壕后方，或蜷缩在皱起的钢板下，他们脸上戴着防毒面具——战争的第一个义体。右边的版块清楚表明了战争的结果。一个士兵拖着负伤的同伴离开战场。这个士兵的面孔正是迪克斯本人一脸重创而迷茫的自画像。迪克斯还在他自己的脚下画了另一个生还者，正爬行于他死去战友的残肢之上。

这组三联画在1932年展出时，并没有引起多大反响，之后就被收藏起来了。一年之后，也就是1933年3月，臭名昭著的授权法案通过之后，德国纳粹开始销毁所有他们认为"有失颜面的艺术品"。奥托·迪克斯，即便曾经服役，即便才华横溢，也仍难免被从德累斯顿美术学院的教师岗位辞退的命运。迪克斯的画作后

86. 壮观的《战争》三联画，现藏于迪克斯的故乡德累斯顿的现代大师美术馆，它是这位画家关于战争的最终宣言。这幅历时三年画成的作品，让人想起中世纪德国传统的三联画和祭坛画，同时却又颠覆着这种传统。

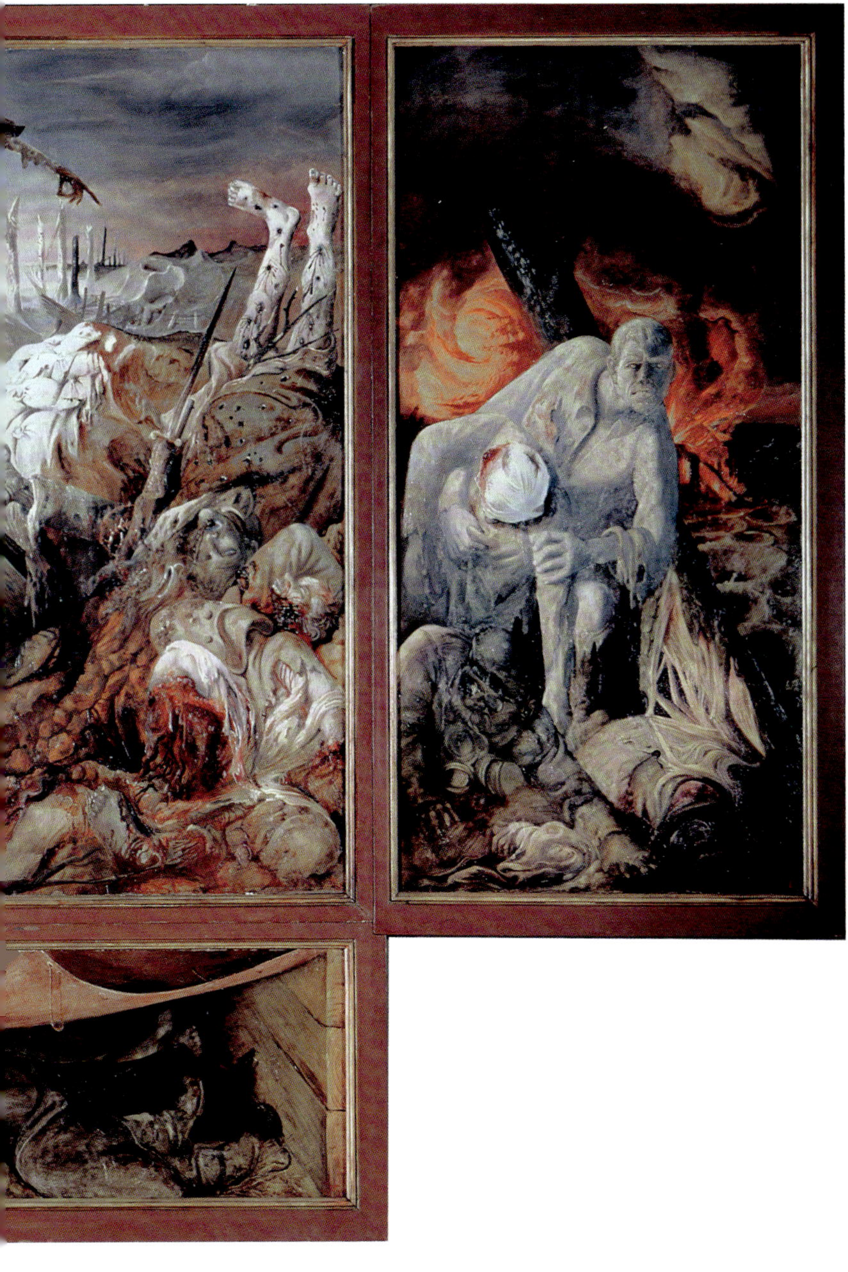

来也同其他艺术品一道毁于纳粹之手。

战胜的协约国士兵——奥托·迪克斯曾经隔着无人区相望三年的敌人们,在战后获得了服役奖章。所有在大屠杀中生还的步兵、海军和空军士兵都获得了联盟胜利勋章,这种铜制的勋章大约颁发了600万枚。勋章正面铸着古希腊神话中有翼的胜利女神,背面则是月桂环绕的简单铭文。尽管这场机械的大屠杀夺取了2200万人的生命,毁灭了古老的帝国,拖垮了诸多国家,但奖章上的铭文却刻着:"为了文明的伟大战争,1914—1918",丝毫没有意识到其中含有的讽刺意味。

后　记

20世纪70年代到80年代的夏天，我的母亲总会带我和兄弟姐妹们去大英博物馆。我们本可以尽情探索博物馆中种类繁多的文化宝藏，但我们全家一起去的时候，却总是专门去看看"贝宁青铜器"，当时它们被安置在主台阶旁的一个大平台上。我母亲的期待是，她想确保自己拥有尼日利亚血统的混血子女们能够同时接触到两种出身背景中的文化和艺术。观赏着16世纪和17世纪的贝宁艺术杰作之时，我们确切地感受到了自己与非洲先祖血脉相连，感受到自己和制造出那些雕片的匠人之间的关联，那些雕片曾一度装饰过贝宁奥巴的宫殿。挂在我们城市大会议厅墙上的贝宁艺术照片，以及关于我们的非洲祖先和欧洲祖先一样，也曾创造伟大艺术并缔造高级文明的知识，这一切从我记事起就一直深深铭刻在我的心中。

我对欧洲艺术和文化的欣赏与热爱，并非始于对博物馆和美术馆的参观，而是另一种媒介电视的馈赠。我个人的顿悟发生在1986

年2月12日，母亲让我观看BBC2频道播出的《画家和模特们》纪录片。在那60分钟里，我了解到了法国新古典主义大师雅克-路易·大卫（Jacques-Louis David）的艺术作品和非凡的一生。我被深深吸引。这个新爱好让我开始从附近的图书馆借阅艺术书籍。因为《画家和模特们》既关于艺术也关于历史，它激发了我对这两个门类的热情，而我之前对于二战题材的男孩子气的沉迷也消退了不少。

两年之后，我在周末和学校假期里打工攒下的积蓄终于足够支付一趟环欧旅行了。在海滩休闲和见朋友之余，每经过一个城市，我都会拜访当地重要的美术馆。18岁的我，终于能够身处卢浮宫中，站在我曾在BBC节目里见过的画作之前。《画家和模特们》里说，一位当时的作家曾经评论雅克-路易·大卫的画作是如此肃穆，观赏者几乎能感到画布里吹出一阵冷风。我记得我站在大卫的《贺拉斯兄弟之誓》之前，希望能感受到扑面的寒气。艺术将成为我生活的一部分，这种想法让我感到新鲜又激动，而这一切全拜我母亲的悉心引导所赐。离开巴黎之后，我去了阿姆斯特丹，在阿姆斯特丹国立博物馆里，我第一次见到了伦勃朗、维米尔和弗兰斯·哈尔斯（Frans Hals）等等其他荷兰大师的作品。下一站，我来到马德里，在普拉多博物馆沉浸在提香（Titian）、格列柯、毕加索、委拉斯开兹（Velazquez）和希罗尼穆斯·博斯（Hieronymus Bosch）的艺术世界里。我在普拉多礼品商店里买了一件博斯《人间乐园》的仿品。价格对我来说着实奢侈，

后　记

所以我珍藏了它好多年，每到一处学生公寓，都要把它挂在墙上。

那束改变了我人生的艺术火花，来自 30 多年前租来的那台四四方方的电视机。当时我并不知道，自己看到的那部电视纪录片其实可以算是一项传统的一部分，而形成并推动这项传统的，是一套播出于我出生前一年的系列节目。肯尼斯·克拉克的 13 集系列纪录片《文明》在英国和美国都可谓是电视史上的传奇。在几百万追随这套系列片的观众中，许多人的人生就此改变，就像《画家和模特们》改变了我的人生一样。在节目播出的前两年，彩色电视机才刚刚问世，能够好好欣赏这套节目的彩色电视机也很罕见。所以能够买得起彩色电视机的家庭，就会邀请只能在自家的黑白画面里欣赏欧洲艺术奇迹的朋友们，一起来举办一场"文明派对"。一连 13 个星期，观众们都被肯尼斯·克拉克带领着，遍访了 117 个不同的美术馆和景点。在那三个月里，美术馆和博物馆的管理者们都表示观众数量增加了。随后的 1969 年夏天，报告又显示旅游者的数量激增，成千上万的游客前往法国、意大利以及其他地方的美术馆，要亲眼看看肯尼斯·克拉克曾经在客厅里带他们见过的艺术和建筑杰作。

本书是在一期被克拉克《文明》所激发的电视节目剧本的基础上撰写而成的。将近 50 年过去了，肯尼斯·克拉克制作的系列节目依然没有被遗忘，也理应如此。但《文明》的声誉不只来自它对观众们史无前例的影响力，还在于它取材范围的集中性。节目只讲述了欧洲艺术和文化，尤其是意大利和法国的。拍摄工作只在七个国家展开。德国在叙述中起着支撑作用。英国只占一小部分。西班牙艺术被完全忽略,实际上,这还在马德里激起了不满。我们当然不能只凭这个系列节目就来评判肯尼斯·克拉克。他涉猎广博的文章,呈现了一个更为广阔的世界观,譬如,他终生都是日本艺术之地位的热情捍卫者。但在其字里行间,克拉克仍然暗示出艺术只是男性职业的观念。《文明》节目中女性艺术家的缺席,在现代观众的眼中就显得很突兀了。

BBC曾邀请克拉克出席策划会,当他看到会议使用了"文明"这个词时,就生出了参与这套节目制作的念头。正是这个词点燃了他的想象,促使他成为这个项目的主持人与撰稿人。在整个系列的第一个场景中——这个场景相当有名:克拉克漫不经心地斟酌起这个词的意义。他站在巴黎圣母院前以轻松调侃的语气问道:"文明是什么?我不知道……但只要让我看到它,我就能认出它来。"

不过,克拉克在对世界上形形色色的文明下判断,或是在对创造出它们的民族进行文化想象时,就没有这么犹豫踌躇了。他在随节目一起出版的书籍中写下了这样一段话,它应该没有在节目配音稿中出现。克拉克在比较《观景楼的阿波罗》和曾被布卢姆斯伯里评论家、艺术家罗杰·弗莱(Roger Fry)收藏的非洲面具时,他写道:

无论有着怎样的艺术价值,我都觉得(《观景楼的阿波罗》)比面具蕴含着更高级的文明。它们都代表着精灵,来

后　记

自另一个世界的信使——也就是说，来自我们自己的想象的世界。对黑人的想象来说，那是一个充满恐惧和黑暗的世界，即使是对禁忌极小的冒犯，都会随时招致可怕的惩罚。而在希腊世界的想象里，那是一个光明自信的世界，那里的神明就像我们人类一样，只是更俊美罢了，而且他们降入凡间，教会人类和睦共处的道理和律法。

这里要提到的是，克拉克使用的"黑人的想象"（Negro imagination）这个表达，是爱德华时代出生的人习以为常的词汇，现在通常已被弃用。但正是因为我母亲知道"文明"概念是如何被用于贬损他们父辈的祖先的，所以多年前的夏天，她才要把她有着一半非洲血统的孩子们带到贝宁青铜器面前。正是因为认为"黑人的想象"和欧洲相比显得贫瘠而原始的观念，在我成长于其中的那个英国仍然流行，所以我们身为孩童时，就必须前往大英博物馆，必须大量学习非洲作家的文学作品，来武装自己，以对抗这种偏狭的观念。

在这本简短的书和配套的两集节目中，我尝试探索艺术在那些交会、互动和冲突的时刻所承担的功能，而恰是这些，我认为，定义了世界历史上过去的 500 年。这么做并不是要叫板肯尼斯·克拉克这样一位我崇敬着的举足轻重的文化大师，而是提醒我自己以及其他可能对此感兴趣的诸位：只存在一种"人类的想象力"，而所有艺术都是它的成果。

注　释

维多利亚时代的怀疑

1　摘自罗伯特·霍姆（Robert Home）的《再访血腥之城：1897年贝宁征讨的新视角》(*City of Blood Revisited: A New Look at the Benin Expedition of 1897*)（1982年）第100页。

2　摘自蒂法尼·詹金斯（Tiffany Jenkins）的《留住他们的大理石像：昔日宝藏是如何进入博物馆的——以及为什么要留在那里》(*Keeping Their Marbles: How the Treasures of the Past Ended Up in Museums-and Why They Should Stay There*)（2016年）第141页。

3　汉斯–乔基姆·科洛斯（Hans-Joachim Koloss）的《中部非洲的艺术：柏林民族博物馆的杰作》(*Art of Central Africa: Masterpieces from the Berlin Museum für Völkerkunde*)（1990年）第21页。

4　安妮·E.库姆斯（Annie E. Coombes）的《重新发明非洲：博物馆、物质文化和后维多利亚时代与爱德华时代英国的流行意象》(*Reinventing Africa: Museums, Material Culture,and Popular Imagination in Late Victorian and Edwardian England*）（1994 年）第 46 页。

5　同上，第 38 页。

6　凯特·埃兹拉（Kate Ezra）的《贝宁皇家艺术：大都会艺术博物馆中的珀尔斯收藏》（*Royal Art of Benin: The Perls Collection in the Metropolitan Museum of Art*）（1992 年）第 117 页。

7　皇太后伊迪亚的面具本来可能有四件。

航海者的国度

1　杰里·布洛顿（Jerry Brotton）的《文艺复兴市集：从丝绸之路到米开朗琪罗》（*The Renaissance Bazaar: From the Silk Road to Michelangelo*）（2002 年）第 168 页。

2　胡安·皮门特尔（Juan Pimentel）的《犀牛与大地懒：论自然历史》（*The Rhinoceros and the Megatherium: An Essay in Natural History*）（2017 年）第 88 页。

3　T. H. 克拉克（T. H. Clarke）的《1515 年到 1799 年间，从丢勒到斯塔布斯的犀牛》（*The Rhinoceros from Dürer to Stubbs, 1515–1799*）（1986 年）第 20 页。

4　L. C. 罗克马克尔（L. C. Rookmaaker）与马尔温·L. 琼斯（Marvin L. Jones）的《捕获的犀牛：从罗马时代到 1994 年饲养的 2439 只犀牛目录》（*The Rhinoceros in Captivity: A list of 2439 Rhinoceroses Kept from Roman Times to 1994*）（1998 年）第 80 页。

5　安娜玛丽·约尔丹·克施文德（Annemarie Jordan Gschwend）与 K. J.

P. 洛（K. J. P. Lowe）编辑的《全球性城市：在文艺复兴时期里斯本的街头》(*The Global City: On the Streets of Renaissance Lisbon*)（2015年）第61页。还有一些资料估算这个数字是20%。

6　T. F. 厄尔（T. F. Earle）与 K. J. P. 洛编辑的《黑种非洲人在文艺复兴时期的欧洲》(*Black Africans in Renaissance Europe*)（2005年）。

7　克施文德与洛的《全球性城市》第23页。

8　同上，第73页。

9　同上，第72页。

10　同上，第164页。

侵略与洗劫

1　米歇尔·W. 科尔（Michale W. Cole）与丽贝卡·佐拉奇（Rebecca Zorach）编辑的《艺术时代的偶像：实物、祈祷与早期现代世界》(*The Idol in the Age of Art: Objects, Devotions and the Early Modern World*)（2009年）第21页。

2　墨西哥谷的纳瓦人部落并不把自己称为阿兹台克人，但为了行文方便，我在此暂用这个称呼来指代他们以及他们的文明。

3　休·托马斯（Hugh Thomas）的《黄金之河：西班牙帝国的崛起》(*Rivers of Gold: The Rise of the Spanish Empire*)（2003年）第471页。

4　苏珊·E. 阿尔科克（Susan E. Alcock）等人编辑的《帝国：从考古学和历史的角度》(*Empires: Perspectives from Archaeology and History*)（2001年）第284页。

5　摘自唐纳德·R. 霍普金斯（Donald R. Hopkins）的《最大的杀手：历史上的天花》（*The Greatest Killer: Smallpox in History*）（2002 年）第 206 页。

6　沃尔夫冈·施特肖（Wolfgang Stechow）编辑的《1400 年到 1600 年的北部文艺复兴艺术：出处与文献》（*Northern Renaissance Art, 1400–1600: Sources and Documents*）（1966 年）第 100 页。

7　科林·麦克尤恩（Colin McEwan）等所著的《墨西哥的绿松石镶嵌艺术品》（*Turquoise Mosaics from Mexico*）（2006 年）第 58 页。

8　参见科林·麦克尤恩的《古代美洲艺术细考》（*Ancient American Art in Detail*）（2009 年）。

9　乔纳森·伊斯雷尔（Jonathan Israel）的《1610 年到 1670 年墨西哥殖民地的种族、阶层与政治》（*Race，Class and Politics in Colonial Mexico 1610–1670*）（1975 年）第 8 页。

10　瑟奇·格鲁津斯基（Serge Gruzinski）的《画下征服者：墨西哥印第安人与欧洲文艺复兴》（*Painting the Conquest: The Mexican Indians and the European Renaissance*）（1992 年）第 24 页。

文化的戒心

1　奥洛夫·G. 利丁（Olof G. Lidin）的《种子岛：欧洲来到日本》（*Tanegashima: The Arrival of Europe in Japan*）（2002 年）第 1 页。

2　arquebuse 有时也拼作 harquebuse。

3　唐纳德·F. 拉赫（Donald F. Lach）的《欧洲进程中的亚洲第一卷：大

发现世纪》(*Asia in the Making of Europe, Volume I: The Century of Discovery*)(1965年)第655页。

4 霍尔登·弗伯(Holden Furber)发表于《亚洲研究期刊》(*Journal of Asian Studies*)第28卷第4期(1969年8月)第11页—第21页的《"帝国"时期期间与之后的亚洲与西方伙伴关系》(Asia and the West as Partners before 'Empire' and After)。

5 詹姆斯·L. 麦克莱恩(James L. McClain)的《日本:一段近代历史》(*Japan: A Modern History*)(2002年)第44页。

6 罗斯·E. 邓恩(Ross E. Dunn)、劳拉·J. 米切尔(Laura J. Mitchell)和克里·沃德(Kerry Ward)编辑的《新世界历史:教学与研究指南》(*The New World History: A Field Guide for Teachers and Researchers*)(2016年)第508页。

7 夸梅·安东尼·阿皮亚(Kwame Anthony Appiah)和亨利·路易斯·盖茨(Henry Louis Gates)编辑的《非洲艺术:非洲人和非裔美国人经验百科全书》(*Africana: The Encyclopedia of the African and African American Experience*)(2005年)第497页。

8 Kotaro Yamafune 未发布的德州农工大学硕士论文《日本南蛮屏风上的葡萄牙船只》(*Portuguese Ships on Japanese Namban Screens*)(2012年)第7页。

9 同上,第96页。

10 查尔斯·拉尔夫·博克瑟(Charles Ralph Boxer)的《1549年到1650年间的日本基督教世纪》(*The Christian Century in Japan: 1549–*

注　释

1650）（1974 年）第 29 页。

11　同上，第 1 页。

12　麦克莱恩（McClain）的《日本》（*Japan*）第 43 页。

13　迈克尔·沙利文（Michael Sullivan）的《东西方艺术的交汇：从 16 世纪到当下》（*The Meeting of Eastern and Western Art: From the Sixteenth Century to the Present Day*）（1973 年）第 14 页。

14　亚当·克卢洛（Adam Clulow）的《公司与幕府将军：当荷兰人遇见日本德川家族》（*The Company and The Shogun: The Dutch Encounter with Tokugawa Japan*）（2014 年）第 262 页。

15　同上，第 260 页。

16　蒂蒙·斯克瑞奇（Timon Screech）的《心中的镜头：西方科学凝视与日本江户时代后期的流行图像》（*The Lens within the Heart: The Western Scientific Gaze and Popular Imagery in Later Edo Japan*）（2002 年），第 119 页。

拥抱新生

1　安东尼·贝利（Anthony Bailey）的《代尔夫特一瞥：维米尔在当时与现在》（*A View of Delft: Vermeer Then and Now*）（2001 年）第 26 页。

2　最初在 1568 年起义的七个省份也包含一些其他地区，位于今天的比利时、卢森堡，法国北部和德国西部。只有七个北方的省份在和西班牙哈布斯堡王朝的抗争中取得独立。

3　这句话出自在 1631 年 5 月 5 日给盖兹·德·巴尔扎克（Guez de

Balzac)的信件,参见费尔南·布罗代尔(Fernand Braudel)的《15世纪到18世纪的文明与资本主义第三卷:世界的视角》(*Civilization and Capitalism, 15th–18th century, Vol. III: The Perspective of the World*)(1984年)第30页。

4 卜正民(Timothy Brook)的《维米尔的帽子:17世纪与全球化世界的黎明》(*Vermeer's Hat: The Seventeenth Century and the Dawn of the Global World*)(2010年)第8页。

5 西蒙·沙玛(Simon Schama)的《财富的尴尬:黄金时代荷兰文化解读》(*The Embarrassment of Riches: An Interpretation of Dutch Culture in the Golden Age*)(1987年)第160页。

6 关于威廉·卡尔夫(Willem Kalf)的《鹦鹉螺杯静物画》(1644年)的评论,可参见诺曼·布赖森(Norman Bryson)发表在《批判探究》(*Critical Inquiry*)第15卷第2期(1989年冬季)第35页—第227页的《夏尔丹与静物画文本》。

7 摘自查尔斯·拉尔夫·博克瑟(Charles Ralph Boxer)的《1600年到1800年的海上王国荷兰》(*The Dutch Seaborne Empire,1600–1800*)(1965年)第42页。

8 詹姆斯·C.博雅吉安(James C. Boyajian)的《1580年到1640年哈布斯堡王朝下的葡萄牙亚洲贸易》(*Portuguese Trade in Asia under the Habsburgs, 1580–1640*)(2008年)第150页。

9 卜正民的《维米尔的帽子》,第42页。

10 同上,第55页。

11　J·L.普赖斯（J. L. Price）的《17世纪的荷兰共和国》（*The Dutch Republic in the Seventeenth Century*）（1998年）第5页。

12　隆达·席宾格（Londa Schiebinger）《植物与帝国：大西洋世界的殖民生物勘探》（*Plants and Empire: Colonial Bioprospecting in the Atlantic World*）（2004年）第107页。

帝国的行径

1　约瑟夫·富林顿（Joseph Farington）的《富林顿日记第三卷，1804年3月15日》（*The Farington Diary, Vol. 3, 15 December 1804*）（1924年）第34页。

2　卡特林·瓦格纳（Kathrin Wagner）、杰茜卡·戴维（Jessica David）和马泰·克勒门契奇（Matej Klemenčič）编辑的《1400年到1850年间的艺术家与移民：英国、欧洲与更多地区》（*Artists and Migration 1400–1850: Britain, Europe and Beyond*）（2017年）第150页。

3　托比·福尔克（Toby Falk）发表在《皇家艺术协会期刊》（*RSA Journal*）第137卷第5389期（1988年12月）第27页—第37页的《弗拉泽公司图绘》（The Fraser Company Drawings）。

4　杜尔巴·高希（Durba Ghosh）的《殖民时期印度的性与家庭：帝国的形成》（*Sex and the Family in Colonial India: The Making of Empire*）（2006年）第40页。

5　威廉·达尔林普尔（William Dalrymple）的《莫卧儿时期的白人：18世纪印度的相爱与背叛》（*White Mughals: Love and Betrayal in*

Eighteenth-century India）（2002年）第32页。

6　格丽塞尔达·波洛克（Griselda Pollock）发表在《牛津艺术期刊》（Oxford Art Journal）第26卷第2期（2003年）第155页的文章《斗鸡和其他排场活动：佐法尼、波洛克和克拉斯纳画中的人物姿势、区别和布景含义》（Cockfights and Other Parades: Gesture, Difference and the Staging of Meaning in Three Paintings by Zoffany, Pollock, and Krasner）。

7　玛雅·亚萨诺夫（Maya Jasanoff）收录于马丁·波斯特尔（Martin Postle）编辑的《约翰·佐法尼研究：社会观察》（Johan Zoffany, RA: Society Observed）（2011年）第137页的文章《印度之行：在加尔各答和勒克瑙的佐法尼》（A Passage through India: Zoffany in Calcutta and Lucknow）。

8　同上，第137页。

9　达尔林普尔的《莫卧儿时期的白人》，第268页。

10　高希的《殖民时期印度的性与家庭》，第40页。

11　扎瑞尔·马萨尼（Zareer Masani）的《麦考利：英国的自由帝国主义者》（Macaulay: Britain's Liberal Imperialist）（2013年）第99页。

法老的诱惑

1　理查德·韦尔斯利在5月17日到达加尔各答，土伦舰队在5月9日清晨出发。

2　约翰·巴戈特·格拉布（John Bagot Glubb）的《财富的士兵：马穆鲁克的故事》（Soldiers of Fortune: The Story of the Mamlukes）（1973年）

第 480 页。

3 达赖厄斯·A. 斯皮思（Darius A. Spieth）的《拿破仑的魔法：诡辩者》（*Napoleon's Sorcerers: The Sophisians*）（2007 年）第 41 页。

4 夸梅·安东尼·阿皮亚教授在 2016 年的 BBC 里斯讲座中使用的说法。

5 斯皮思的《拿破仑的魔法》（2007 年）第 47 页。

6 摘自胡安·科尔（Juan Cole）的《拿破仑的埃及：侵占中东》（*Napoleon's Egypt: Invading the Middle East*）（2007 年）第 16 页。

7 爱德华·W. 萨义德（Edward W. Said）的《东方学》（*Orientalism*）（1978 年）第 81 页。

8 保罗·斯特拉森（Paul Strathern）的《拿破仑在埃及："最伟大的荣耀"》（*Napoleon in Egypt: 'The Greatest Glory'*）（2007 年）第 258 页。

9 萨义德的《东方学》第 81 页。

10 迈克尔·柯蒂斯（Michael Curtis）的《东方学与伊斯兰：欧洲思想家对中东与印度东方专制的看法》（*Orientalism and Islam: European Thinkers on Oriental Despotism in the Middle East and India*）（2009 年）第 12 页。

11 达西·格里马尔多·格里格斯比（Darcy Grimaldo Grigsby）的《极端：后革命时期法国的帝国绘画》（*Extremities: Painting Empire in Post-Revolutionary France*）（2002 年）第 66 页。

英格兰中部的革命

1 P. M. G. 哈里斯（P. M. G. Harris）的《人类人口史第二卷：移

民、城市化与结构变迁》(*The History of Human Populations, Vol 2: Migration, Urbanization, and Structural Change*)（2003 年）第 226 页。

2　同上。

3　摘自安·伯明翰（Ann Bermingham）的《风景与观念：1740 年到 1860 年间的英国乡间传统》(*Landscape and Ideology: The English Rustic Tradition, 1740–1860*)（1986 年）第 80 页。

城市与贫民窟

1　艾尔弗雷德·拉塞尔·华莱士 (Alfred Russel Wallace) 的《绝妙的世纪：它的成功与失败》(*The Wonderful Century: Its Successes and Its Failures*)（1898 年）第 338 页。

2　摘自弗兰妮·莫伊尔（Franny Moyle）的《J. M. W. 透纳非凡的人生与重大的时代》(*The Extraordinary Life and Momentous Times of J. M. W. Turner*)（2016 年）第 2 页—第 631 页。

3　查尔斯·狄更斯（Charles Dickens）的《老古玩店》(*The Old Curiosity Shop*)（1841 年）第 242 页。

4　约翰·罗斯金（John Ruskin）的《约翰·罗斯金对 J. M. W. 透纳画作的评价》(*Notes by John Ruskin on His Drawings by J. M. W. Turner*)，收录于 R.A. 的《1878 年与 1900 年美术协会美术馆展出》(*Exhibited at the Fine Art Society's Galleries, 1878 & 1900*)（1900 年）第 34 页。

5　约翰·卢卡斯（John Lucas）的《变迁的文学：19 世纪乡土小说研究》(*The Literature of Change: Studies in the Nineteenth Century Provincial*

Novel)（2016 年）第 40 页。

6　雪莉·福斯特（Shirley Foster）的《伊丽莎白·盖斯凯尔：文学的一生》（*Elizabeth Gaskell: A Literary Life*）（2002 年）第 35 页。

7　伊丽莎白·盖斯凯尔（Elizabeth Gaskell）的《玛丽·巴顿：曼彻斯特生活故事》（*Mary Barton: A Tale of Manchester Life*）（1848 年）第一卷第 90 页。

美国原野

1　男性画家的作品被骄傲地挂上国家与州立美术馆，这个流派中的女性画家却被遗忘了，其作品只能埋没在私人藏品之中。事实证明，女画家哈丽雅特·卡尼·皮尔（Harriet Cany Peale）、玛丽·布拉德·梅林（Mary Blood Mellen）、劳拉·伍德沃德（Laura Woodward）、约瑟芬·沃尔特（Josephine Walter）和托马斯的姐妹萨拉·科尔（Sarah Cole）的画作却没有引起她们同时代人的兴趣。

2　卡丽·里博拉·巴勒特（Carrie Rebora Barratt）的《艺术与帝国城市：1825 年到 1861 年的纽约》（*Art and the Empire City: New York, 1825–1861*）（2000 年）第 60 页—第 61 页。

帝国的进程

1　戴维·斯凯勒（David Schuyler）的《被神圣化的风景：1820 年到 1909 年间的作家、画家与哈得孙河谷》（*Sanctified Landscape: Writers, Artists, and the Hudson River Valley*）（2012 年）第 40 页。

2　路易斯·勒格朗·诺布尔（Louis Legrand Noble）和埃利奥特·S. 维

塞尔（Elliot S. Vesell）编辑的《托马斯·科尔生平与画作》（*The Life and Works of Thomas Cole*）（1997年）第12页。

3 约翰·海（John Hay）的《美国南北战争前的后末日幻想》（*Post-apocalyptic Fantasies in Antebellum American Literature*）（2017年）第103页。

4 斯凯勒的《被神圣化的风景》第39页。

盗取身份

1 斯蒂芬妮·普拉特（Stephanie Pratt）与琼·卡彭特·特罗科利（Joan Carpenter Troccoli）的《乔治·卡特林：美国印第安人肖像画》（*George Catlin: American Indian Portraits*）（2013年）第18页—第21页。

2 H.格伦·彭尼（H. Glenn Penny）的《选择的血缘：1800年以来的德国人与美国印第安人》（*Kindred by Choice: Germans and American Indians since 1800*）（2013年）第49页—第50页。

3 乔治·卡特林的《关于北美印第安人礼仪、风俗和状况的信件与笔记》（*Letters and Notes on the Manners, Customs, and Conditions of the North American Indians*）（1841年）第3页。

留给后人的肖像

1 贾希拉卡齐·梅森，《戈特弗里德·林道尔的新西兰：毛利人画像》（2016年）第35页。

2 同上，第33页。

3　多米尼克·德丰罗克斯（Dominique de Font-Reaulx）的《1839 年到 1914 年的绘画与摄影作品》（*Painting and Photography: 1839–1914*）（2012 年）第 8 页—第 157 页。

4　罗伯特·L. 赫伯特（Robert L. Herbert）的《印象派：美术、休闲与巴黎社会》（*Impressionism: Art, Leisure, and Parisian Society*）（1988 年）第 28 页。

5　伊丽莎白·安·马克斯韦尔（Elizabeth Anne Maxwell）的《殖民地摄影与展览：原住民表征与欧洲身份的形成》（*Colonial Photography and Exhibitions: Representations of the Native and the Making of European Identities*）（2000 年）第 1 页。

艺术对进步的回应

1　詹姆斯·帕特里克·多顿（James Patrick Daughton）的《分裂的帝国：1880 年到 1914 年间的宗教、共和主义和法国殖民主义的形成》（*An Empire Divided: Religion, Republicanism, and the Making of French Colonialism, 1880–1914*）（2008 年）第 3 页。

逃往异域

1　也有资料显示没有能到达沃尔皮尼咖啡馆的是一组装饰镜片。

2　19 世纪 80 年代，以社会达尔文种族主义为形式的思潮，为法国关于法兰西帝国以及殖民对象未来发展的思想更添了几分黑暗色彩。

3　埃拉扎尔·巴尔卡（Elazar Barka）与罗纳德·布什（Ronald Bush）编辑的《未来的前史：原始项目与现代文化》（*Prehistories of the*

Future: The Primitivist Project and the Culture of Modernism）（1996年）第226页。

4 罗伯特·沃克勒（Robert Wokler）的《启蒙运动与现代性》（*Enlightenment and Modernity*）（1999年）第11页。

5 摘自斯蒂芬·F. 艾森曼（Stephen F. Eisenman）的《高更的裙子》（*Gauguin's Skirt*）（1997年）第201页，以及罗尼·马特（Ronnie Mather）发表在《艺术心理系期刊》（*PSYART Journal*）（2007年）的《自恋人格的失调与创造性艺术——以保罗·高更为例》（Narcissistic Personality Disorder and Creative Art-The Case of Paul Gauguin）。

6 埃拉扎尔·巴尔卡与罗纳德·布什编辑的《未来的前史：原始项目与现代文化》第226页。

7 克莱尔·莫兰（Claire Moran）的《艺术家的布景：从现实主义到表现主义的表演与自画像》（*Staging the Artist: Performance and the Self-Portrait from Realism to Expressionism*）（2016年）第3页—第42页。

8 艾伯特·布瓦姆（Albert Boime）的《揭示现代主义：对世纪末绘画中的文化危机的回应》（*Revelation of Modernism: Responses to Cultural Crises in Fin-de-Siecle Painting*）（2008年）第143页。

嬗变

1 韦恩·安德森（Wayne Andersen）的《毕加索的妓院》（*Picasso's Brothel*）（2002年）第62页。

注 释

欧洲的沦落

1　L. C. 奈茨（L. C. Knights）的《批评文选》（*Selected Essays in Criticism*）（1981 年）第 181 页。

2　同上，第 181 页。

3　迪特马尔·施洛斯（Dietmar Schloss）的《亨利·詹姆斯作品中的文化与批评》（*Culture and Criticism in Henry James*）（1992 年）第 122 页。

4　奇努瓦·阿切贝（Chinua Achebe）的《非洲的一种形象：康拉德 <黑暗的心> 中的种族主义》（*An Image of Africa: Racism in Conrad's Heart of Darkness*）（1997 年）第 3 页。

5　关于此项的各种资料显示出矛盾的信息。

6　1963 年 12 月的奥托·迪克斯采访，摘自贝恩德–鲁迪格·哈波芬（Bernd-Rudiger Huppauf）的《战争、暴力与现代》（*War, Violence, and the Modern Condition*）（1997 年）第 242 页。

7　林达·F. 麦格里维（Linda F. McGreevy）的《痛苦的见证：奥托·迪克斯与大战》（*Bitter Witness: Otto Dix and the Great War*）（2001 年）第 201 页。

8　参见安·施蒂格利茨（Ann Stieglitz）发表在《牛津艺术学报》（*Oxford Art Journal*）第 12 卷第 2 期（1989 年）第 93 页的文章《痛苦的复制：一战后对格吕内瓦尔德的 <伊森海姆祭坛画> 的接收史》（The Reproduction of Agony: Toward a Reception-History of Grunewald's Isenheim Altar after the First World War）。

致 谢

  我所有的创意工作都凝聚着诸多同仁的才华智慧。电视纪录片和书籍在各自的生产流程中，都是合作与讨论的成果。在《文明》这样一个巨型而宏大的项目中，我们扩展并深入探讨了许多文化常识。再此我要感谢共同主持的西蒙·沙玛和玛丽·比尔德。对于 BBC 团队，我要感谢贾尼丝·哈德洛（Janice Hadlow），并对马克·贝尔（Mark Bell）和乔恩逊·卡拉普莱（Jonty Claypole）致以诚挚的感激。

  德尼斯·布雷克维（Denys Blakeway）、迈克尔·杰克逊（Michael Jackson）和梅尔·福尔（Mel Fall）带领下的出色的 Nutopia 制作团队圆满实现了这个艰巨的项目。我还要感谢简·鲁特（Jane Root）。是制片人伊恩·利斯（Ian Leese）的持续苦战和职业洞察让我的纪录片得以完成，与他并肩奋战的才华横溢的同仁们还有：尤安·罗克斯伯勒（Ewan Roxburgh）、伊莎贝尔·萨顿（Isabel Sutton）、乔安娜·马歇尔（Joanna Marshall）、珍妮·沃尔夫（Jenny Wolf）和劳拉·史蒂文斯（Laura Stevens）。我还要感谢马特·希尔（Matt Hill）。感谢让我受益匪浅的节目顾问朱利安·贝尔（Julian Bell）和乔纳森·琼斯（Jonathan Jones）。电视节目的视觉冲击力来自摄像师约翰·佩里（Johann Perry）、杜安·麦克卢尼（Duane McLunie）、德克·内尔（Dirk Nel）、里瓦·哈雷（Rewa Harre）和理查德·努梅罗夫（Richard Numeroff）的工作。成片更是离不开坦迪斯·延赫德森（Tandis Jenhudson）的精湛作曲。

我还要感谢 Profile 出版社的各位同仁：彭妮·丹尼尔（Penny Daniel）的耐心与信任，安德鲁·富兰克林（Andrew Franklin）为此项目的付出，感谢宣发瓦伦丁娜·赞卡（Valentina Zanca），感谢来自 Jade 设计的设计师詹姆斯·亚历山大（James Alexander）以及莱斯利·霍奇森（Lesley Hodgson）对图片做出的大量研究。

一如既往地，我感谢我的经纪人查尔斯·沃克（Charles Walker）。最后，感谢我的家人谅解我工作的大量外出，感谢你们给予我的所有支持。

出版后记

1969年是对艺术传播史来说非常重要的一个年份，那年英国广播公司推出了由肯尼斯·克拉克爵士主持的《文明》(*Civilisation*) 13集系列纪录片。这个系列刚一播出，就在世界范围内激起了巨大反响，有评论者将其誉为"电视史上的里程碑"。在接下来的几十年里，克拉克的《文明》更是显示出了经久不衰的影响力，甚至在今天中国许多"80后""90后"年轻人的生命中，它也扮演过西方艺术启蒙者的角色。

克拉克的《文明》播出近40年后，英国广播公司开启了全新的《文明》(*Civilisations*) 纪录片项目，但这次片名中的Civilisation后面加上了一个s，从单数的、至高无上的"唯一文明"，变成了多元的、百花齐放的"世界诸文明"。我们这次出版的《文明Ⅰ》《文明Ⅱ》两本书，就是这个新纪录片项目的一部分。两位作者玛丽·比尔德和戴维·奥卢索加都是英国当代著名学者和公共知识分子，在新版《文明》中担任分集主持人，在这两部书成书之际，他们对片中的解说词做了修订和增补，因此书中除了包含所有出现在片中的艺术品图像资料和文字讲解，还有许多他们在纪录片里没有机会展开的补充内容。

两位作者在后记中都提到，尽管他们都是在克拉克版《文明》的影响之下成长的，并曾受惠于他，然而他们也都强烈地意识到了克拉克视野中的盲区，如比尔德提及"虽然20世纪60年代正是女性主义运动如火如荼的时候，但他在1969年所提供的这种艺术视野却几乎没有提到任何女性的积极活动"，而奥卢索加则特别在意克拉克不经意间流露出的对非洲艺术品的偏见，指出这种西方中心主义的论断是一种实无根据的偏狭观念。他们以自己丰富的学识和雄辩的论述回应了克拉克，也向全世界的读者和观众有力证明了女性、非洲文明，以及许多之前在西方文化界长期被边缘化了的群体也有创造卓越文化艺术的能力，他们在世界文明史上扮演的角色同样不可轻视。

无论是文明本身，还是人们对文明的理解和评述，都是在不断的讨论和修正中得以演进的，而我们现在看到的这两本书就是这种讨论的重要组成部分。我们很高兴有机会将这两本内容丰富而具有进步意义的书带到中国读者面前。

后浪出版公司

2019 年 7 月

图书在版编目（CIP）数据

文明 . Ⅱ /（英）戴维·奥卢索加著；郭帆译 . -- 北京：中国友谊出版公司，2019.7（2019.8 重印）

书名原文：Civilisations

ISBN 978-7-5057-4674-9

Ⅰ．①文… Ⅱ．①戴…②郭… Ⅲ．①世界史 Ⅳ．①K1

中国版本图书馆 CIP 数据核字 (2019) 第 069627 号

Copyright © David Olusoga, 2018
Originally published in English, entitled CIVILISATIONS by Profile Books Ltd, London
This simplified Chinese edition is published by Ginkgo (Beijing) Book Co., Ltd, 2019
本书简体中文版由银杏树下（北京）图书有限责任公司出版

书名	文明 II
作者	[英]戴维·奥卢索加
译者	郭　帆
出版	中国友谊出版公司
发行	中国友谊出版公司
经销	新华书店
印刷	北京盛通印刷股份有限公司
规格	889×1194 毫米　32 开
	8.25 印张　125 千字
版次	2019 年 8 月第 1 版
印次	2019 年 8 月第 2 次印刷
书号	ISBN 978-7-5057-4674-9
定价	88.00 元
地址	北京市朝阳区西坝河南里 17 号楼
邮编	100028
电话	(010) 64678009